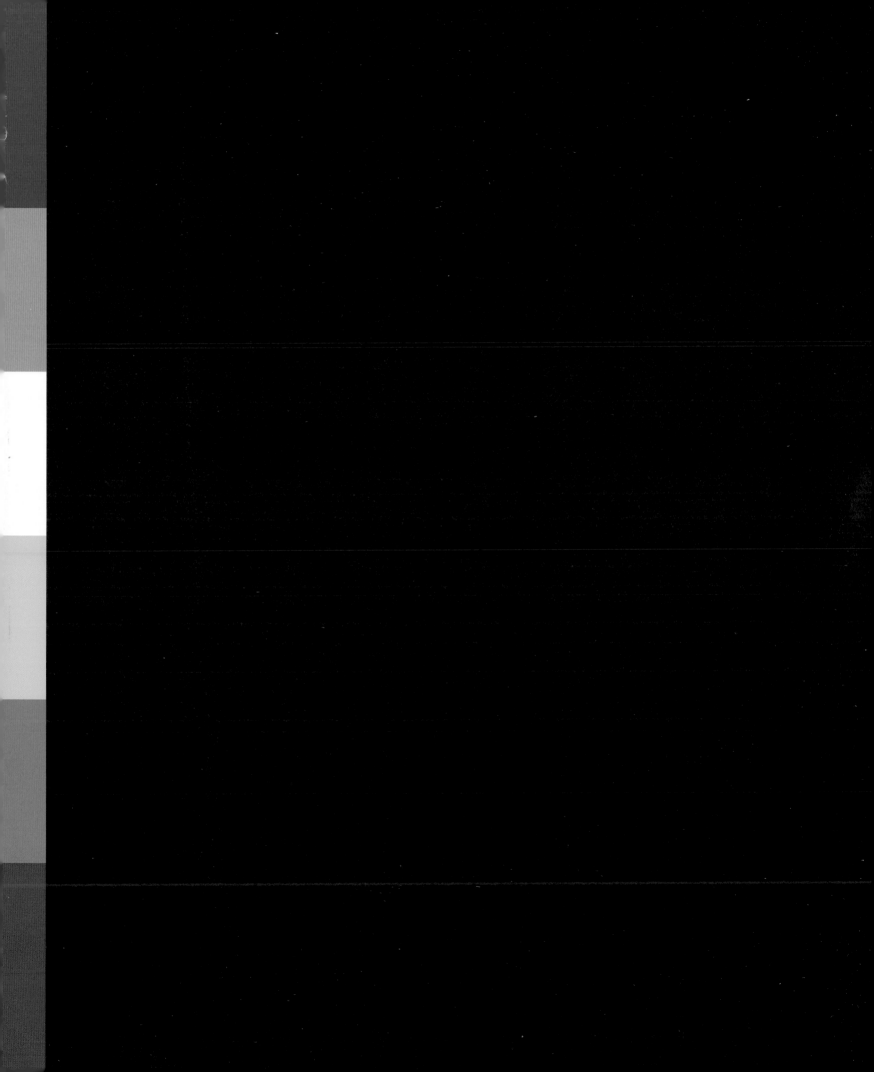

PRIDE

The Story of the LGBTQ Equality Movement

MATTHEW TODD

當彩虹昇起

LGBTQ平權運動紀實

CONTRIBUTORS

Travis Alabanza, Bisi Alimi, Georgina Beyer, Jonathan Blake, Rabbi Deborah Brin, Maureen Duffy, David Furnish, Nan Goldin, Asifa Lahore
Paris Lees, Lewis Oakley, Reverend Troy Perry, Darryl Pinckney, Jake Shears, Judy Shepard, Will Young

CONTENTS
目 錄

臺 灣 版 引 言

「缺席的過往是一場恐怖事件。」

英國作家兼藝術家德瑞克‧賈曼（Derek Jarman）在一九九二年出版的自傳《自承風險》（*At Your Own Risk*）中寫道。

賈曼想讓大眾知道在二十世紀中期至晚期，同性戀者過著什麼樣的日子。他寫著，有段時間人們無法公開承認自己的性取向，年輕情侶因為無法公開情侶關係而自殺，還有同性戀恐懼症（簡稱「恐同」）醫師謊稱同性戀者HIV檢驗結果為陽性，希望他們能「發現自己的錯誤」。同時，他不滿於LGBTQ歷史的缺口，他個人非常需要了解這段歷史，了解壓抑對我們產生的影響：我們覺得受到孤立，無法完整認知到自己是誰，以及我們身處的世界——沒有光明的道路能指引我們如何活出自己的人生。某種層面上，這也是本書的目的：展示我們確實擁有歷史及未來。

寫這本書是為了紀念石牆事件及其後的各種運動已屆五十週年，也邀請重要人士發表文章，我相當清楚有多少事值得紀念。改變來得意義深遠，大多數的改變可以回溯至單一爆發事件。一群人起身反抗恐同、恐跨（跨性別恐懼症）的簡單故事已成為神話：誰確實在場、誰揮出第一拳、丟出第一顆石頭、誰最奮力反擊——沒有共識，也沒有人能給出明確的答案。無庸置疑的是，這群勇敢、憤怒、受壓迫的人說他們受夠了，並起身採取行動，他們深知如果自己不勇於行動，沒有人會為他們發聲。

讀完這本書時，我希望你也會同樣強烈地感受到雀躍、欣喜之情，並感激過往無數奉獻時間、金錢、甚至生命的人，因為他們才有今天我們身處的世界。有太多值得歡慶之事，真的，我非常高興能寫下這段引言，《當彩虹昇起》即將在臺灣出版，這裡有愈來愈多人敞開心胸接納LGBTQ族群，同時臺灣也是亞洲LGBTQ權益的開拓者。關鍵轉捩點是某次選舉後幾年，時任總統陳水扁於二〇〇二年邀請同性權益倡議者於總統府會面，這是一個重大訊號，改變正在發生。那年以後，臺灣舉辦首次同志驕傲遊行，一直持續至今，現已成為亞洲最大的驕傲遊行。校園及工作場所的反歧視法相繼於二〇〇四年及二〇〇七至二〇〇八年實施。

二〇一九年，這座島國成為亞洲第一個同性婚姻合法化的國家。在此兩年前，憲法法庭推翻婚姻之定義為一男一女所組成的法律，此案由資深倡議者祁家威提出。這一大步證明個人意志及團結群眾力量，就能為多數人改變現狀。

二〇一六年唐鳳任命案使其成為臺灣首位跨性別政務委員，反映出跨性別及性別變異群體持續進展的趨勢，以及護照第三性

別選項的推動計畫很快就能落實。

我們所有人都對他們無比感激，從石牆事件的先驅，到祁家威般的臺灣倡議者，乃至早於石牆事件前就在英國致力於此的國會議員，但我希望這本書同樣傳遞另一個重要訊息。

二〇一四年英國作家莫琳‧達菲（Maureen Duffy）榮獲《態度》雜誌的年度大獎。達菲是相當成功的作家，於一九六〇年代出櫃，一九六七年曾上電視辯論，為他的同性戀手足爭取同性性行為除罪化。儘管他親切地向我們表達獲獎的感謝之情，隨後也發出嚴正的警告。

「我們不能停止關心這個世界。想想烏干達、伊朗的人們，仍可能因為是同性戀而遭到處死，俄羅斯也正在努力恢復以往自由的法律。我們永不能期望一切都如願，但我們已經走了很遠，謝天謝地……我們永遠不能停歇。」

之後幾天的社群媒體上，朋友們紛紛表達了自己的看法，他們說時光永遠無法倒流，我們已經贏得了這場爭論，如今的世界已然穩定許多。那是二〇一四年，五年後英國公投決定脫歐，唐納‧川普（Donald Trump）成為世界上最有權勢的人，助長了全世界右翼的勢力，通常以恐同居多的右翼。

這是歡慶的時刻，但當中也有一種誘惑，讓我們過度崇拜當時參與石牆事件的人，忽略了他們為何而戰：不是為了慶祝，不是為了被寫進書裡，或讓人以他們為名高舉香檳，而是他們別無選擇。今天的形勢愈發清晰，那就是世界上沒有必然。如達菲所說及本書要傳遞的訊息，世界仍存在著巨大的不平等，需要長期採取行動。仍有許多新危機接踵而至，並將影響著我們每個人——就像眼前因氣候變遷所造成的不穩定世界。文明是保護弱者，或者說應該要保護弱者，包括LGBTQ族群——如果文明終將如氣候變遷的結果般崩塌，一如大衛‧艾登堡爵士（Sir David Attenborough）近期的預言，又會怎麼樣呢？

如果我們真要誇耀一九六九年炎炎六月夜在石牆酒吧奮戰的人們，就要捍衛得來不易的權利，勇於對抗任何威脅自由穩定社會的事情，正是這樣的社會保護著人們。

那些渴望控制他人或安於現狀的人會告訴你，反抗永遠不會成功。我希望這本書能向你擔保，反抗可以有偉大的成果，人們一起行動時，就能擁有真正的力量——有時必須運用這種力量。

時 間 變 革

和我們一樣的人一直存在著。我們所定義的女同性戀者、男同性戀者、跨性別者、酷兒等現代詞彙，
可能比身分本身來得更現代，古藝術及文學告訴我們，同性性行為及性別表現不一致行為，其實一直存在於歷史中。

有一種說法是受基督教及大英帝國的影響前，世界是一個酷兒烏托邦，但是同性性行為在大多數文化中仍未得到允許，即使有時只是容忍或默許。這類相互接納的案例包括北美原住民的「雙靈人」（Two Spirit People），他們展現兩種性別特質，在某些部族中備受尊崇，世界各地古文化中也都有同性性行為的證據。然而，即使古希臘及古羅馬因為社會大眾對性關係的接受度，經常被視為古代開明社會的象徵，仍有不少爭議。柏拉圖（Plato）在其早期著作中曾表達支持態度，但之後又轉而譴責，寫下許多人皆認為這種行為相當可恥。

宗教教義對LGBTQ族群實踐個人生活的能力帶來毀滅性影響。今日，判定同性性行為屬違法的眾多國家中，不是非洲的基督教國家，就是伊斯蘭教國家。全球有無數經國家認可的恐同症始於《英格蘭雞姦法》，[1]一五三三年經英國議會通過後，隨著大英帝國勢力擴張而散播到各個殖民地。一八六一年，同性性行為的刑罰已從死刑減輕為監禁。接著是一八八五年，英國議會成員亨利·拉布歇（Henry Labouchère）推動刑法修正案，男性間發生任何性行為（即使是私下）皆處以兩年以下監禁（一八九五年愛爾蘭作家奧斯卡·王爾德〔Oscar Wilde〕便是根據此法定罪）。有說法肯定維多莉亞女王沒有立法反對女同性戀，歷史學家則不以為然，因為他根本不能接受其存在，也認為拉布歇根本不關心「莎弗」[2]行為——或者是根本不想喚醒女性的自身存在感。

到了二十世紀，只有少數國家的極少數機構能讓同性戀者公開聚會，大多數LGBTQ族群只能否認自己的性向，或隱密且謹慎地生活在不見天日的世界裡。有人覺得合法化前的生活刺激地令人興奮，但對大多數人來說，生活很艱難，經常讓人無法忍受。一九二八年，瑞克里芙·霍爾（Radclyffe Hall）所著的第一本女同小說《寂寞之井》（The Well of Loneliness）中就著墨許多。一九三〇年，英國警方設立了特殊部門，逮捕任何沉溺於「嚴重猥褻」行為的人，數以千計的人因而下獄。在美國，同性戀者可能被送交精神復健機構，被迫接受厭惡療法：剝去衣物，強制服用藥物，讓他們覺得極度不適，他們嘔吐並倒在自己的嘔吐物及排泄物中時，播放同性性行為的影像給他們看。

二十世紀初期，德國某些區域已經實踐社會自由，其中柏林接納了同性戀者及性別表現不一致者，連帶著同志酒吧、女同志酒吧、變裝酒吧都吸引了形形色色的客人上門。一般認為全世界第一個LGBTQ權益組織是科學人道組織（Scientific-Humanitarian Committee），一八九七年由馬格努斯·赫希菲爾德（Magnus Hirschfeld）於德國創立。該組織為全世界的LGBT（特別包括跨性別者）族群爭取權益，並推翻了德國禁止男同性戀性行為的法令。二十年後，一九一九年，赫希菲爾德創立了性科學研究所（Institute for Sexual Science）。

希特勒掌權後，他和追隨者對公眾道德淪陷甚感憤怒，同性戀被視為納粹「種族純粹」計畫中的汙點。一九三三年五月六日，納粹追隨者掃蕩赫希菲爾德的機構，進行大規模焚書行動，約兩萬本書籍付之一炬。當時赫希菲爾德人在國外，開始流亡

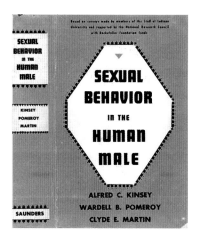 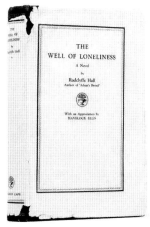

左圖｜一九四八年阿爾弗雷德·金賽等人所著之開創性著作，澈底改變了人們對性及男性性向的觀點。

右圖｜瑞克里芙·霍爾所著之《寂寞之井》，一九二八年出版。重要的女同性戀著作，極度的壓抑感，反映了當時的情緒。

右頁｜一九五四年一月，報紙上蒙太古勳爵、彼得·沃爾德布拉德與麥克·比特－瑞福被定罪的新聞。這起案件激起部分民怨，也引發人民關注於同性戀不公審判。

前頁｜克里斯多福大街遊行日第一年（現稱為「彩虹遊行」），攝於一九七〇年六月二十八日。

1｜《英格蘭雞姦法》（Buggery Act）：或稱「性悖軌法」。

2｜莎弗（Sappho）是一名古希臘女詩人，作品多為描寫女同性戀間的詩歌，後世視其為女同性戀代表人物之一。英文中女同性戀Lesbian一詞便是源於莎弗曾居住過的希臘萊斯博斯島（Lesbos）。

Daily Mirror

THURS MAR. 25 1954

1½d

FORWARD WITH THE PEOPLE

No. 15,663

THE MONTAGU CASE

GUILTY

MONTAGU—12 MONTHS'

Pitt-Rivers and Wildeblood each get 18 months'

PITT-RIVERS
Tea in the cells

WILDEBLOOD
Covered his face

By PETER WOODS

THE Montagu case at Winchester Assizes ended in a packed and hushed court yesterday with prison sentences for all three accused.

After a four and a half hour retirement, the all-male jury found Lord Montagu of Beaulieu, 27, his second cousin, Michael Pitt-Rivers, 37, and Peter Wildeblood, 30, guilty of serious offences involving two airmen, Corporal Edward McNally, 25, and Aircraftman John Reynolds, 21.

Mr. Justice Ormerod passed sentences of twelve months' imprisonment on Lord Montagu and eighteen months each on Pitt-Rivers and Wildeblood.

"I am dealing with you in the most lenient way I possibly can," the judge told them.

The jury retired to consider their findings a few minutes after noon. They returned to the packed and tense court four and a half hours later.

The three men in the dock rose to their feet, their faces white with strain.

LORD MONTAGU. . . he talked of a telephone call.

Outside in the nearby Army barracks a military band struck up a regimental march, its notes stabbing faintly into the words of the Clerk of the Assize as he asked the foreman of the jury for their verdicts on the charges.

"Guilty . . . guilty . . . guilty," said the foreman, and Lord Montagu swayed slightly, pressing his lips together. By his side Wildeblood looked down and covered his face with his hands for a few seconds.

Then, after speeches by the counsel defending the three men, came the sentences.

Standing just below the dock, Lord Montagu's half sister, the Hon. Elizabeth Douglas Scott-Montagu, who had been in court throughout the eight days of the trial, buried her face in her hands.

The set expressions of the three men in the dock did not alter as, with a last look round the court, they turned to the steps to the cells below.

Fifteen minutes later Reynolds and McNally were swiftly driven from the court in a small black police car.

They were booed and jeered by the waiting crowd of 300 people and covered themselves completely with a travelling rug in the back of the car.

Later, in a tiny white-

'Give Ann my love...'

walled room, Lord Montagu and his half-sister sat and talked about Ann Gage, the twenty-two-year-old society girl to whom Lord Montagu was engaged until last October.

She is now in New York and Lord Montagu had booked a telephone call to her last night . . .

"Please make the phone call for me," he asked his sister, adding "and give her my love."

"She has been so wonderful and I can't thank her enough."

Then he asked a warder how many pictures he was allowed to have in his cell. "Ten," he was told, and turning to his sister, asked her to send him a picture of his ex-fiancee.

Afterwards the young peer tried to cheer up Wildeblood and Pitt-Rivers over a cup of tea brewed on a small gas stove by one of the warders.

Jokingly he told the warders "No prison could be as bad as going through the Guards Depot at Caterham which Michael (Pitt-Rivers) and I have done."

Shortly after 8 p.m. all three men were taken by car to Winchester Prison, 300 yards away.

Lord Montagu is not at home—See Centre Pages.

MURDER GUNMAN DIES IN FIGHT WITH A P.C.

—see story on Back Page

Racing Mirror

DO look on Page 14 and see if I am fancied today

NEWSBOY'S 20-1 WINNER

NEWSBOY gave a 20-1 winner, Longborough, at Lincoln yesterday. He also gave The Blessing (6-4 on) and The Russell (13-8 on).

BOUVERIE gave The Blessing, too —his third winning nap in succession.

BERT CERT, "Flutters" cartoon hero, gives his first tip today on Page 14. He will give a tip a day in the RACING MIRROR.

生活。隔年，蓋世太保[3]曾指示當地警察保留一份已知為同性戀者的「粉紅清單」。一九三五年，已禁止同性戀的法律變得更加嚴苛，任何被懷疑為同性戀的行為——甚至思想——都可能被定罪。直到二戰結束前這段期間，估計有五萬名同性戀男性被監禁，有五千至一萬五千人被送到集中營，死亡人數不可知。

　　法國與同性戀權益的關係則複雜得多。一七九一年，憑藉著法國大革命的成果，新刑法中並未將數百年來皆判處死刑的同性戀列為犯罪行為。法國因而成為歐洲第一個同性戀除罪化的國家。一九四二年，在戰時維琪法國[4]掌權期間，將確立了一百五十年的同意年齡（最低合法性交年齡），降低至異性戀為十五歲，同性戀者則為二十一歲。

　　俄國革命同樣帶來轉機。一九一七年十月革命之後，共產黨頒布新刑法，同性戀合法化正式生效。而往後十年間，人們對同性戀的態度複雜，有人懷抱敵意，也有人轉而支持同性戀者。但在一九二七年至一九三〇年，社會態度轉為強硬。同性戀正式宣告為精神疾病，並且於一九三三年，在史達林（Stalin）政權下，同性戀再次定義為犯罪行為。

　　一九四八年，二次世界大戰結束後三年（同性戀軍人會遭到解僱及定罪），美國生物學家阿爾弗雷德·金賽（Alfred Kinsey）出版了開創性著作《男性性行為》（*Sexual Behaviour in the Human Male*），研究顯示不僅有百分之十美國男性為同性戀，大多數男性也並不是絕對異性戀或同性戀。這份報告引發極大爭議，五年後他發表的《女性性行為》（*Sexual Behaviour in the Human Female*）一樣引發討論。其後揭露金賽本人為雙性戀。

　　戰後英國的內務大臣大衛·麥克斯威爾·菲夫（David Maxwell Fyfe）主張打壓，決心「讓英國擺脫這場瘟疫」。蘇格蘭主播格蘭姆·史都華（Graham Stewart）在二〇〇〇年《泰晤士報》（*The Times*）〈恐同人道主義的意外遺產〉（The Accidental Legacy of a Homophobic Humanitarian）一文中曾提及，一九三九年有一千兩百七十六件同性戀案件遭到起訴。一九五一年，菲夫上任後第一年增加為五千四百四十三件。

　　美國受到戰後共產主義式疑懼的刺激，新制美國法律把LGBTQ族群推向社會與心智的邊緣，甚至如歷史學者大衛·卡特（David Carter）所說，迫使他們活在「恐懼及精神上近乎窒息的不穩定狀態」。參議員約瑟夫·麥卡錫（Joseph McCarthy）與其他人認為同性戀造成安全危機，若有同性相關的資料寄到你

3 | 蓋世太保（Gestapo）：為納粹德國時期的祕密警察。
4 | 維琪法國（Vichy）：為二戰期間納粹德國掌權時的傀儡法國政府。

上圖 | 艾倫·圖靈，現代電腦之父，二戰期間負責科技支援，幫助盟軍快速解碼德軍密碼，一九五二年遭控嚴重猥褻罪並接受化學閹割。二〇一九年，英國廣播公司觀眾票選圖靈為二十世紀最偉大人士。

下圖 | 一九六六年康普頓餐廳（Compton's Cafeteria）暴動紀念碑，位於舊金山。為了反擊對跨性別者的騷擾與逮捕，跨性別與同性戀顧客聚集在該餐廳。石牆事件並不是第一次反擊。

右頁 | 《梯子》（*The Ladder: a Lesbian Review*）封面，第一本全國發售的女同性戀雜誌，由社福組織比利提斯女兒會出版，發刊期間自一九五六年至一九七〇年。

下頁 | 一九三三年至一九四五年，據傳納粹共逮捕十萬名男同性戀者，五萬人遭囚禁，約五千至一萬五千人被送往集中營。

The Ladder
a Lesbian Review

75¢

APRIL 1968

家,郵務機構將會呈報美國聯邦調查局(FBI),數千名民眾受到聯邦調查局監控,沒有人要僱用他們,或現有職務被解僱,連公眾訊息都強調同性戀將造成危害。

幾乎同一時間,英國幾起備受關注的案件引發大眾關注。布萊切利園(Bletchley Park)中的電腦科學家艾倫·圖靈(Alan Turing),在英國二戰勝利中扮演至關重要的角色,於一九五二年判處嚴重猥褻罪。一九五三年,英國演員約翰·吉爾古德爵士(Sir John Gielgud)被捕,因於公眾廁所進行同性性行為被定罪。消息傳出當晚,英國女演員西碧·桑戴克(Sybil Thorndike)緊張地準備與吉爾古德一同登臺,預期會被群眾噓下臺,但出乎意料地,吉爾古德獲得群眾一致起立喝采。隔年,選擇接受化學閹割取代入獄的艾倫·圖靈被發現已死亡,普遍認為是自殺。同年,上議院中最年輕的貴族蒙太古勳爵(Lord Montagu of Beaulieu),以及彼得·沃爾德布拉德(Peter Wildeblood)與麥克·比特—瑞福(Michael Pitt-River)被以同樣罪名起訴,「共謀煽動多名男性與其他男性犯下嚴重罪行」,大眾一片譁然。英國政府發現情況愈發不可收拾,指派約翰·沃芬登爵士(Sir John Wolfenden)研究如何解決同性戀及娼妓問題。三年後,一九五七年,沃芬登報告總結,在特定條件下,同性戀應予除罪化。

改變正在發生。一年後,由國會議員、學者、知名人士組成的同性戀法律改革協會(Homosexual Law Reform Society)成立,推動實施報告,並由促進同性戀者身心健康的奧爾巴尼信託(Albany Trust)機構協助跟進。

一九五〇年,大西洋另一邊的美國,共產主義者哈里·海伊(Harry Hay)創辦的馬太辛協會(Mattachine Society),普遍認為是美國第一個深具意義的保護同性戀權益團體(在一九二四年短暫存在過的人權協會之後)。儘管現在看來,有些保守派人士希望同性戀者「就像其他人一樣」,馬太辛協會紐約分會負責人迪克·萊特希(Dick Leitsch)則在十年後採取更直接的行動。一九五二年,《紐約每日新聞》(*New York Daily News*)大幅報導二十六歲變性人克莉絲汀·約根森(Christine Jorgensen)的故事,他因此一夜成名。一九五五年,黛兒·馬丁(Del Martin)與菲莉斯·賴恩(Phyllis Lyon)這一對女同性戀伴侶,於美國舊金山成立女同性戀權益暨社會組織比利提斯女兒會(Daughters of Bilitis),旨在支援女同性戀及雙性戀女性。

一九六〇年代掀起了社會及政治變革的巨浪。一九六二年,工黨國會議員里歐·阿伯斯(Leo Abse)推動法案以實踐沃芬登報告,越戰的反對聲浪成為反抗勢力的樣本,黑權運動[5]推進公

5 | 此處指一九六〇年中後期至一九七〇年代美國興起的「黑人權力」運動,主張黑人族群應拿回自主權,強調種族認同感。

左頁 | 尚·惹內(Jean Genet)一九一〇年出生於法國,青年時被以輕微罪名遭監禁。他與巴黎知名藝術家成為好友,並以其著作讓人留下深刻印象。他明確且坦率地寫作政治議題,以及他作為扒手、性工作者的生活。惹內是荒誕派戲劇代表劇作家,被認為是無政府主義者,反抗拒主導地位的社會政治文化。

下圖 | 約一九五〇年代於舊金山黑貓酒館的顧客。當代文青、波希米亞人、同性戀者最常去的地方,多年來警方持續突襲,強制執行法律「不得接待性反常者」,黑貓酒館於一九六四年關閉。

To be returned to
HMSO PC12C1
for Controller's Library
Run No. B.S.H.
Bin No. 03.22.06.
Box No.
Year. 1967.

Sexual Offences Act 1967

CHAPTER 60

ARRANGEMENT OF SECTIONS

Section
1. Amendment of law relating to homosexual acts in private.
2. Homosexual acts on merchant ships.
3. Revised punishments for homosexual acts.
4. Procuring others to commit homosexual acts.
5. Living on earnings of male prostitution.
6. Premises resorted to for homosexual practices.
7. Time limit on prosecutions.
8. Restriction on prosecutions.
9. Choice of mode of trial for certain offences.
10. Past offences.
11. Short title, citation, interpretation, saving and extent.

Sexual Offences Act 1967 CH. 60 1

ELIZABETH II

1967 CHAPTER 60

An Act to amend the law of England and Wales relating to homosexual acts. [27th July 1967]

BE IT ENACTED by the Queen's most Excellent Majesty, by and with the advice and consent of the Lords Spiritual and Temporal, and Commons, in this present Parliament assembled, and by the authority of the same, as follows:—

1.—(1) Notwithstanding any statutory or common law provision, but subject to the provisions of the next following section, a homosexual act in private shall not be an offence provided that the parties consent thereto and have attained the age of twenty-one years. Amendment of law relating to homosexual acts in private.

(2) An act which would otherwise be treated for the purposes of this Act as being done in private shall not be so treated if done—

(*a*) when more than two persons take part or are present; or

(*b*) in a lavatory to which the public have or are permitted to have access, whether on payment or otherwise.

(3) A man who is suffering from severe subnormality within the meaning of the Mental Health Act 1959 cannot in law give any consent which, by virtue of subsection (1) of this section, would prevent a homosexual act from being an offence, but a person shall not be convicted, on account of the incapacity of such a man to consent, of an offence consisting of such an act if he proves that he did not know and had no reason to suspect that man to be suffering from severe subnormality. 1959 c. 72.

(4) Section 128 of the Mental Health Act 1959 (prohibition on men on the staff of a hospital, or otherwise having responsibility for mental patients, having sexual intercourse with women

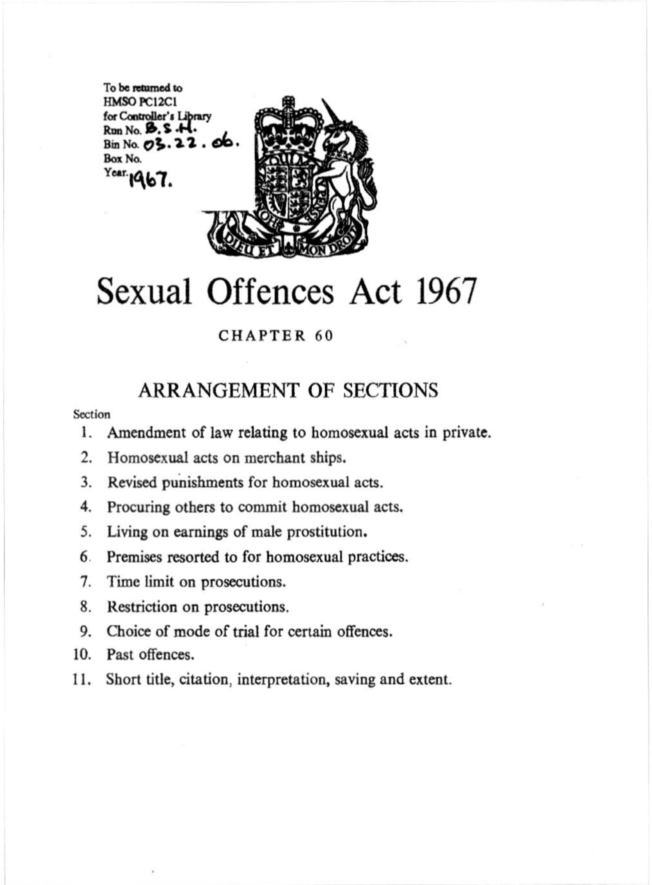

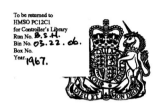

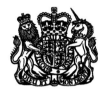

民不服從運動，例如一九六五年自塞爾瑪（Selma）出發至蒙哥馬利郡（Montgomery）的遊行，以及墨西哥人與波多黎各人奮起對抗警察暴行。受到性別與愛這些深具變革力量的鼓舞，印度式的反抗運動[6]傳遍美國，英國知名樂團披頭四（Beatles）也非常關注。美國婦女地位總統委員會（Presidential Commission on the Status of Women）發現社會普遍充斥不平等現象，貝蒂．傅瑞丹（Betty Friedan）所著之《女性的奧祕》（*The Feminine Mystique*）從而激起婦女參政運動（Suffrage Movement）後第二場女性主義浪潮。近一九六〇年代末，英國女性終於可以列席於英國上議院，也開放生產避孕藥——先開放給已婚女性使用，後於一九六七年開放給所有女性。同年，北愛爾蘭外，英國通過人工流產合法化。

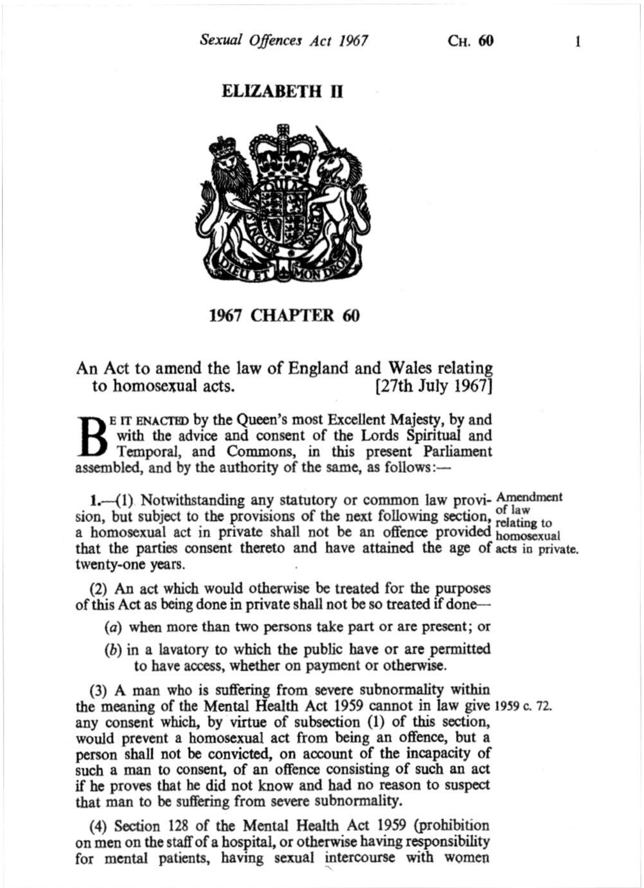

一九六一年，狄鮑嘉（Dirk Bogarde）主演《受害者》（*Victim*），一部描述同性戀律師被敲詐的電影。一九六二年，美國伊利諾州成為第一個同性性行為合法化的地區（即使再過十年也沒有其他州通過此案合法化）。一九六四年，美國《生活》（*Life*）雜誌大篇幅報導，認為美國大眾認同「同性戀的祕密世界」正逐漸從陰暗處浮現。

加州兩處預示了即將到來的反擊。一九四〇年代，舊金山的黑貓酒館（Black Cat Café）吸引許多同性戀及跨性別客人，新法律讓酒精飲料管制委員會能以「性反常」為由針對特定場所，一九五五年，該酒館贏得短暫且片面的法律勝利，得以對抗經常騷擾熟客，企圖讓酒館關門的警察。一九六六年八月，洛杉磯一間主要客源為跨性別者的康普頓餐廳（Compton's Cafeteria），因警察持續騷擾而發生暴動，反而促成美國第一個跨性別支援組織「全國跨性別輔導單位」（National Transsexual Counseling Unit）。據說這場為期兩天的暴動，起因是一名跨性別女性向正在逮捕變裝者的警察潑了一杯咖啡，與三年後在紐約發生的事件如出一轍。

6 | 此處指一九二〇年起由印度聖雄甘地發起的「不合作運動」。

左頁 | 馬太辛協會舉辦第一場「維護同性戀權益」示威運動。照片攝於一九六六年七月四日，人物為知名女同性戀社運者芭芭拉．吉廷斯（Barbara Gittings），為「年度提醒」（Annual Reminder）遊行聚集於華盛頓獨立廳（Independence Hall），即同性戀者彩虹遊行的前身。

上圖 | 一九六七年英國《性犯罪法》，將二十一歲以上合意男性私下的性行為除罪化。沃芬登報告公開後十年頒布此法。

早期同志酒吧

■■■■ 十八世紀起，英國就有祕密酒吧「莫莉屋」（molly houses）。

■■■■ 桑吉巴（Zanzibar），法國坎城（一八八五年開始營業）。

金牛犢酒吧（Cave of the Golden Calf），英國倫敦攝政街（一九一二年開始營業）。

■■■■ 一九二〇年代柏林的同志酒吧、俱樂部、咖啡店產業欣欣向榮（包括下圖的黃金國〔Eldorado〕夜店）。

■■■■ 大西洋之家（Atlantic House），美國普羅溫斯頓（Provincetown；一九二〇年代起被視為同性戀聚會場所）。

■■■■ 雙頭酒吧（Double Header），美國西雅圖（一九三三年開始營業）。

■■■■ 離鄉者咖啡廳（Café Lafitte in Exile），美國紐奧良（一九三三年開始營業，宣稱是美國歷史最悠久的同志酒吧）。

■■■■ 白馬酒店（White Horse Inn），加州奧克蘭（一九三三年開始營業至今）。

黑貓酒館，美國舊金山（一九〇六年開始營業，於一九四〇年代起開始吸引同志顧客）。

■■■■ 朱利斯酒吧（Julius），美國紐約格林威治村（一九五〇年代起經常有同志光顧，一九六〇年代起顧客絡繹不絕）。

上圖｜柏林黃金國夜店變裝的顧客，攝於一九二九年。
右上圖｜英國威爾斯托法恩（Torfaen）市國會議員里歐·阿伯斯，攝於一九六五年四月。阿伯斯率先提案，推動部分男性性關係除罪化。
右頁｜一九六二年，模特兒兼名媛阿普里爾·阿什利在倫敦西區阿斯托俱樂部（Astor Club）唱歌。阿什利是英國首批接受變性手術的人，一九六一年被《星期日人物報》報導其跨性別身分。

一九六四年，英國時尚模特兒阿普里爾·阿什利（April Ashley）被八卦報社《星期日人物報》（Sunday People）爆出是一名跨性別者，轟動一時。兩年後，英國第一個跨性別支援團體博蒙特協會（Beaumont Society）成立，主要提供個人協助及教育醫療。

一九六七年，英國廣播公司（BBC）在當時的時事電視節目《我們活著》（Man Alive）中開了兩節新單元，專門談論男女同性戀者的經歷。其中各個階級的人都為能平靜生活而努力，遑論對長久關係的渴望。劇作家兼詩人莫琳·達菲是英國首波公開女同性戀身分的人，一九六六年出版個人第一本同性戀小說，他登上國家電視節目，為男同性戀者爭取法律改革。

緊接著，一九六七年七月二十七日，主席為異性戀男性的沃芬登委員會，由保守派指派的主席，其後被揭露兒子是同性戀。委員會提出建議，並由異性戀國會議員推動提案，後由工黨政府頒布——一九六七年《性犯罪法》（The Sexual Offences）正式成為法律。在英格蘭及威爾斯地區，二十一歲以上兩名男性私下的合意性行為，不再是違法行為。對於無數男同性戀者來說，實在太遲了，包括劇作家喬·歐頓（Joe Orton），就在法律頒布兩週後，他遭到昔日伴侶肯尼斯·哈利韋爾（Kenneth Halliwell）謀殺，某種程度上是時代壓力帶來的心理健康問題釀成這場悲劇。

對其他人來說，黎明即將到來。有著不同政治觀點的人們組成盟友，引起陣陣漣漪，正成為一波勢不可擋的浪潮。

莫琳・達菲

現年八十五歲。首位公開承認女同性戀身分的英國女性。

他在在一九六〇年代初期出櫃時，大多數男同性戀及女同性戀者都還躲在衣櫃裡。英國倫敦伯爵府（Earl's Court）及美國紐約蘇活區（Soho）都有許多知名同志酒吧，遍布大城市各處，但女同志酒吧卻鮮為人知。而一系列知名人士的同性戀判決，其中特別是一九五三年約翰・吉爾古德爵士的案件，讓整個風波來到最高點，促成沃芬登委員會成立，深入研究男性同性戀以及相關問題。

於是衣櫃裡的人開始緊張，某部分原因是勞動階級中，維持表面和平的潛規則是：「敏感話題避而不談」，我們這群男男女女平常緊密地生活在一起，經過大學三年生活，卻不知道其他人中有誰是同性戀。

相信大多數英國人都認同法國人更了解性，或至少對性的態度更開放，所以當我坦白面對自己時，我向西蒙波娃（Simone de Beauvoir）所著之《第二性》（The Second Sex）尋求啟蒙——我沒有失望。讀過他的論述後，我想：「好，一切沒有問題了。」但對於下一步該怎麼做，我要去哪找出其他人，仍舊是個問題。

幸運的是我當時的「伴侶」（一個現代的詞彙）認識一名同性戀牧師，邀請我們和他的「男朋友」一起去堤岸車站（Embankment）的酒吧，或許可以在那邊找到更多衣櫃裡的女孩。接著我發現自己在切爾西（Chelsea）堤岸區的通道上，對著點唱機跳舞直到酒吧打烊。因為直接離開可能很危險，有時候會有一些人在外面等著謾罵我們，甚至對我們吐口水，大聲叫喊著：「來我這裡吧，小可愛，我來好好開導你！」看似親切，卻可能充滿威脅。

同時，男同性戀除罪化運動正如火如荼地進行。一九五七年沃芬登報告帶來很好的效應，我堅信起訴男同性戀者是錯誤行為，也認為同性戀一直以來都是人類天性的面向之一。我也愈來愈意識到，儘管各種形式的媒體都愈來愈強力地呼籲法律改革，但其中反對聲浪也愈發明顯，事實上也有女同性戀者因此退得更後面了——佯裝成一群找不到男伴的單身女性。最後我決定寫一本風格與多納德・詹姆斯・韋斯特（D.J.West）所著的《同性戀》（Homosexuality）類似的書，談談我們做什麼工作、我們如何生活，企圖達到平等。所謂「同性戀」一詞，其實被誤譯了，應該是源於拉丁文「homo」，意為「人」，而不是希臘文中的「同」。

因此，我用笨重的錄音機訪問了一些女同性戀者，草擬一份大綱，交給我的經紀人，安排和出版商安東尼・布朗（Anthony Blond）開會，他的出版物經常被認為傷風敗俗，例如《新倫敦間諜：大城市找樂子的私密指南》（The New London Spy: An Intimate Guide to the City's Pleasures）。[7]

然而，布朗認為：「如果你沒有社會學相關背景，沒有人會幫你出版。何不改寫一本小說？」回家路上我反覆思量，然後打電話給經紀人，告訴他我決定這麼做。於是我開始著筆寫下《縮影》（The Microcosm），一本被梵蒂岡、愛爾蘭列為禁書，接著南非也因為書中有黑人和白人往來的情節將其列為禁書。不過仍有許多女性寫信給我表達感謝之意，跟我說：「我以為全世界只有我一個。」

小說出版後，我積極參與男同性戀者的運動——我受訪的電視片段仍可以在英國廣播公司的檔案中找到。

一九六七年，沃芬登報告總算有了成果，但即使如此，一九七七年《同志週報》（Gay News）因為一首詹姆斯・柯爾庫普（James Kirkup）的詩，以耶穌被釘十字架事件為主題，被以瀆神罪起訴。為了回應此事，我發表了「褻瀆審判之歌」，等著大禍臨頭。但什麼事都沒發生。其實，英國國家世俗協會（National Secular Society）的祕書也同樣遭到起訴，因為在刊物中散播柯爾庫普的詩作。布里姬・布洛菲（Brigid Brophy）和我都出席了他的審判現場，以表達我們對他的支持。

英國逐漸開放了，先從承認民事伴侶關係，後是同性婚姻——除了北愛爾蘭。但世界各地仍有許多LBGTQ族群因此被起訴、遭受酷刑，甚至死亡。

我第一次坦承面對自己時，還是一個完全封閉的社會，同性戀被汙名化或嘲笑。對大多數人來說，不管男女，最好是藏好他們可怕又可恥的祕密，因為這會讓我們脫離「正常」社會和規範。英國及美國的有錢女性，例如葛楚・史坦（Gertrude Stein）、瑞克里芙・霍爾等人，戰爭期間就躲在巴黎。而我們其他人沒有這種選擇，不是繼續活在祕密裡，就是像我一樣鐵了心，厚顏無恥地生活著。一九八〇年代，我發現自己又再次必須站出來反抗柴契爾夫人（Maggie Thatcher）的「第二十八號條款」。[8]之後愛滋病盛行，我曾寫了詩作準備在三位朋友的葬禮上朗誦。我們已經走過漫漫長路，但永遠不要忘記，時光可以倒流。

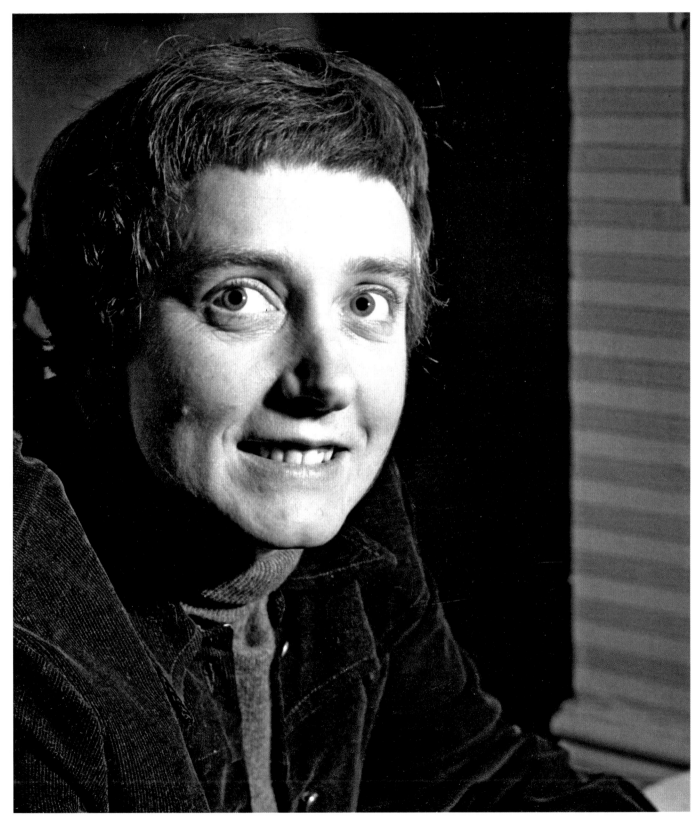

7｜出版於一九六六年，介紹大部分旅遊書不會有的景點，倫敦的夜店、酒吧、俱樂部等。

8｜柴契爾夫人執政時期，嚴禁媒體、學校等機構對同性戀進行正向宣導，要求必須宣導傳統道德價值觀。

莫琳·達菲，攝於一九六〇年代初期。

真人實事

比斯・阿里米

社運人士、作家。視幕後英雄貝亞德・魯斯汀為偶像。

二〇一〇年二月的一個下午，我受託寫一篇歷史上LGBTQ代表人物的文章，對我來說當然是個艱鉅的任務。作為一個成長於奈及利亞的年輕男同性戀者，偶像的概念不過是個假象——其他人也跟我一樣，孤身一人，無人可仰望。為這篇文章鑽研調查時，我發現足以改變生命的人，YouTube上一段名為「被遺忘的先知」的影片，訴說一個黑人男同性戀者的故事，非常具代表性。他就是貝亞德・魯斯汀（Bayard Rustin）。

那支影片談到他在非裔美國人民權運動中扮演的角色，推崇聖雄甘地的學說，以及如何影響政治圈的馬丁・路德・金恩（Martin Luther King Jr.）及麥爾坎・X（Malcolm X）。

貝亞德・魯斯汀的故事並不常被提起，就像愛麗絲・沃克（Alice Walker）、瑪莎・強森（Marsha P. Johnson）以及其他許多頗具地位的有色酷兒一樣。

一九一二年三月十七日，貝亞德・魯斯汀出生於美國賓州西徹斯特（West Chester Pennsylvania），由茱莉亞・魯斯汀（Julia Rustin）和珍妮佛・魯斯汀（Janifer Rustin）這對祖母扶養長大。年輕時期曾參加美國青年共產主義聯盟（Young Communist League），後來加入貴格會。[9]正是這段經歷，帶領他走向往後的路途，成為一九六四年「為工作和自由向華盛頓進軍」遊行的代表人物。

遊行前，魯斯汀正遭受美國政府的迫害，政府認為其社運思想威脅到政府的掌控力。金恩博士同樣也受到美國聯邦調查局的壓迫，部分民權運動成員已然拋棄他。對聯邦調查局來說，他是必須快點除去的威脅，而對民權運動來說，他是過於沉重的包

袱。《吉姆・勞克法》[10]時期的美國人討厭同性戀者及黑人，而魯斯汀身為黑人，更不諱言自己的同性戀身分。

對宗教色彩濃厚的民權運動來說，這無疑是一大問題，或許必須因為性向問題而捨棄民權運動中的重要智囊，或者承擔許多反對聲浪帶來的後果。

因此華盛頓遊行前，金恩博士覺得別無選擇，只能讓魯斯汀遠離這場運動，因為據說國會議員亞當・克萊頓・鮑威爾（Adam Clayton Powell）揚言指控金恩博士與魯斯汀有私情。但是失去魯斯汀的幫助，整場運動頓時洩了氣。

退無可退的情況下，魯斯汀重新加入這場運動，並籌劃一場美國史上最成功的民權運動。爾後，他持續為同性戀權益奔走，一九八六年《華盛頓粉雄》（*Washington Blade*）的訪談中魯斯汀表示：「我認為絕對有必要在一九四〇年代表明自己的同性戀身分，如果我不這麼做，我就成為帶有偏見的一分子。」魯斯汀作為社運者，一直堅持不懈地貢獻，直到一九八七年八月二十四日逝世，享年七十五歲。

貝亞德・魯斯汀的一生可以用他自己的一句話總結：「每個海灣、每個社群裡，我們都需要一群天使般的麻煩製造者。」魯斯汀的一生就是天使般的麻煩製造者，行至各處皆撒下改變的種子。

二月的那一天讓我發現黑人在我的酷兒天性裡，不只是歷史中的注腳，而是核心所在。

謝謝你，貝亞德・魯斯汀。

---

9 | 貴格會（Quakers）：基督教新教的一個支派。
10 | 《吉姆・勞克法》（*Jim Crow law*）：十九世紀末至二十世紀中葉，美國南部各州及邊陲地帶針對有色人種的種族隔離法律。

貝亞德·魯斯汀（Bayard Rustin），男同性戀者，金恩博士之友，也是非裔美國人民權運動中的關鍵人物，攝於一九六〇年代初期。

文 化 ： 文 學

奧斯卡‧王爾德死於一九○○年。一八九七年，他服滿雞姦罪的刑期，身體狀況卻不如從前。王爾德以同性戀為題材的著作，例如
《格雷的畫像》（ *The Picture of Dorian Gray* ），非常受到歡迎，當然，也可能臭名遠播，但LGBTQ文學直到二十世紀才開始蓬勃發
展，而酷兒題材也潛伏於作品的潛臺詞中。

維吉尼亞‧吳爾芙（Virginia Woolf）的著作被視為二十世紀
初重要的酷兒小說之一：《歐蘭朵》（ *Orlando* ），書中主角可
以自由地跨越時空及性別。一般認為這本書是一封寫給維塔‧薩
克維爾‧韋斯特（Vita Sackville-West）的情書，大受好評。這本
書出版於一九二八年，與瑞克里芙‧霍爾所著之《寂寞之井》同
年，後者卻遭控猥褻罪而遭禁。

法國作家尚‧惹內的第一本小說《繁花聖母》，[11]寫於入獄
期間，場景為巴黎的地下世界，明確地描述同性戀者性愛，圍繞
在跨性別者的神聖性。一九四三年，《繁花聖母》以匿名方式初
次問世，哲學家沙特（Sartre）及小說家考克多（Cocteau）相當
擁戴惹內，也啟發後續「垮掉的一代」[12]文學家。

許多LGBTQ文學家出生於轉變的二十世紀，例如派翠西
亞‧海史密斯（Patricia Highsmith）及劇作家田納西‧威廉
斯（Tennessee Williams），他們隱晦地寫出自己的性向。
一九五二年，海史密斯用化名發表了前衛的女同小說《鹽的代
價》，[13]平常與海史密斯合作的出版商拒絕出版此書。一九九
○年，《鹽的代價》以《Carol》為名重新出版，五年後作者離
世。不管是自己選擇或別無選擇，他絕不是唯一一個使用化名的
LGBTQ作家。

與海史密斯同時期的其他作家，例如戈爾‧維達爾（Gore
Vidal）、克里斯多福‧伊薛伍德（Christopher Isherwood）、薇
奧莉‧賴朵思（Violette Leduc），都更坦率地討論LGBTQ的特
性。即使如此，還是有很長一段時間裡，開放意味著被責難，有

時候還必須接受審查。

詹姆斯‧鮑德溫（James Baldwin）是非裔美國人及同性戀
史上的指標性人物。一九五三年，他的開創性小說《山巔宏音》
（ *Go Tell It on the Mountain* ）出版後大獲好評，隨後一九五六年
出版第二本《喬凡尼的房間》（ *Giovanni's Room* ），一九六二年
第三本《另一個國度》（ *Another Country* ），三本皆是同性戀或
雙性戀男性引發爭議的故事。不管是石牆事件發生之前或其後，
同性戀及公民權利議題上，鮑德溫極具地位的著作都有所助益。
一九八七年，鮑德溫逝世，終身以社運家及作家為業，二○一六
年紀錄片《我不是你的黑鬼》（ *I Am Not Your Negro* ）就是講述
鮑德溫的人生。二○一九年，美國女演員蕾吉娜‧金恩（Regina
King）因演繹改編自一九七四年鮑德溫小說的電影《藍色比爾街
的沉默》（ *If Beale Street Could Talk* ），榮獲奧斯卡最佳女配角
獎。

一九七○年代許多重要著作皆出自女同性戀作家。一九七三
年，麗塔‧梅‧布朗（Rita Mae Brown）自傳性著作《紅果叢
林》（ *Rubyfruit Jungle* ）一炮而紅；同時期政治詩人、作家、
社運家奧德瑞‧洛德（Audre Lorde）也有著作，被視為產生交
叉性[14]概念的重要著作。一九六八年，洛德第一本詩集《第一

11 | 《繁花聖母》（ *Our Lady of the Flowers* ）：法文原名為 *Notre-Dame- des-
Fleurs* 。
12 | 垮掉的一代（Beat Generation）：或稱疲憊的一代，是二戰後由美國作家開啟
的文學運動。他們拒絕時下的流行話語，主張探索精神，忠實陳述人類現況，反對
物質主義，其中不乏嘗試藥物及追求性解放事件。
13 | 《鹽的代價》（ *The Price of Salt* ）：二○一五年翻拍為電影《因為愛你》
（ *Carol* ），由凱特‧布蘭琪（Catherine Élise Blanchett）、魯尼‧瑪拉（Patricia
Rooney Mara）主演。
14 | 交叉性（intersectionality，或譯交織性、交錯性）：意為一個弱勢者同時可以
有多重的弱勢身分，可能是性向、種族、國籍等各種歧視造就的弱勢。

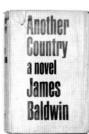

最左圖 | 亞米斯德‧莫平，成名作為《城市故事》系列小
說，攝於一九八九年舊金山。
左圖 | 一本一九六三年詹姆斯‧鮑德溫第三本受爭議著作
《另一個國度》的精裝版書影。
右頁 | 女性主義者、作家、社運者奧德瑞‧洛德在亞特
蘭大藝術中心（Atlantic Center of the Arts）演說，攝於
一九八三年佛羅里達州。

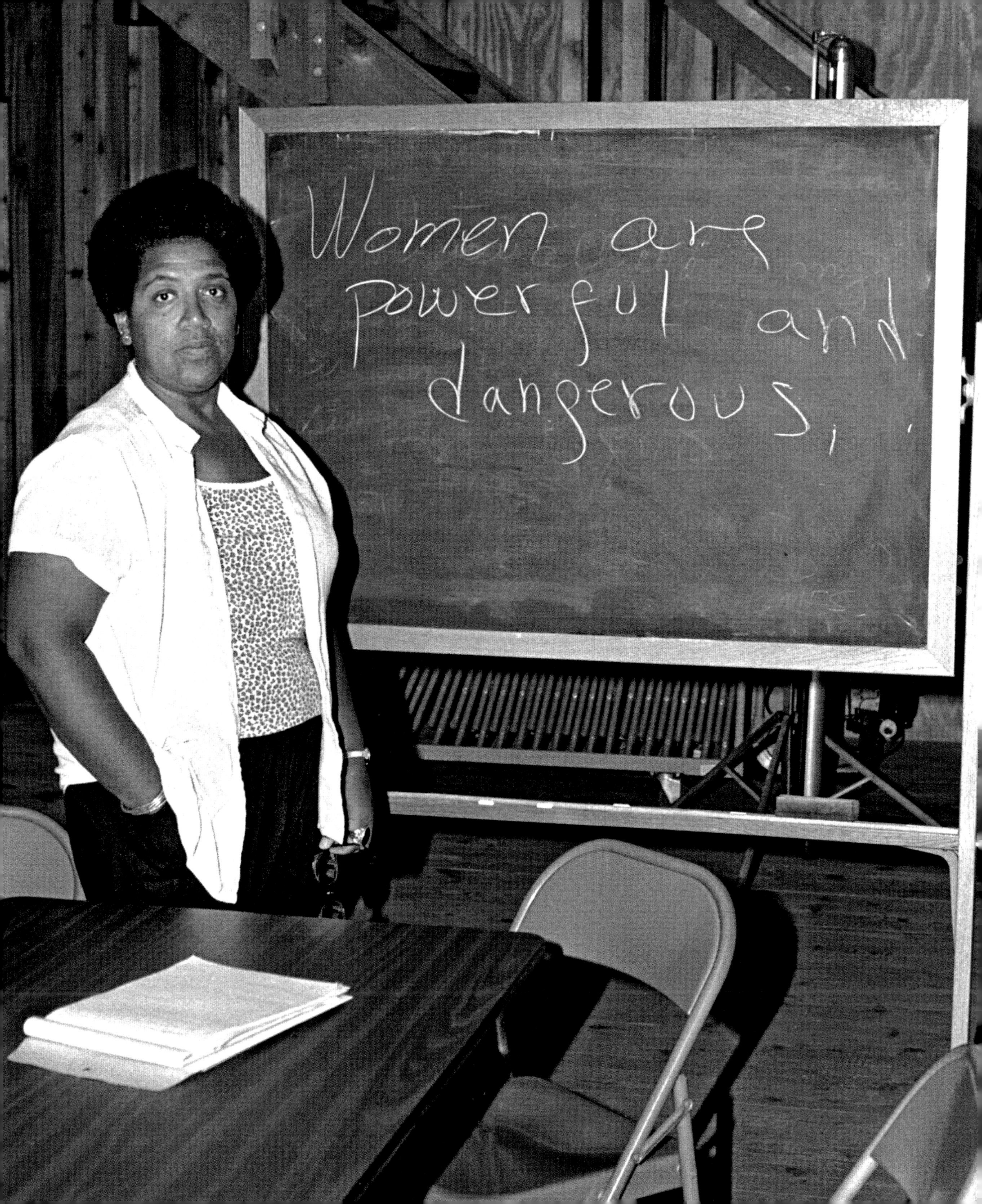
Women are powerful and dangerous,

上圖｜當代最受尊崇的同性作家，同時也是知名社運家。詹姆斯·鮑德溫，攝於一九五〇年。

五個迷人的同性戀愛故事

《墨利斯的情人》（*Maurice*），作者：愛德華·摩根·福斯特（E.M. Forster），一九七一年出版。

《兩個親吻的男孩》（*Two Boys Kissing*），作者：大衛·李維森（David Levithan），二〇一三年出版。

《如何修復機械般的心》（*How to Repair a Mechanical Heart*），作者：J.C.莉莉絲（J.C. Lillis），二〇一二年出版。

《游泳的兩個男孩》（*At Swim, Two Boys*），作者：傑米·歐尼爾（Jamie O'Neill），二〇〇一年出版。

《女神之城》（*The City of Devi*），作者：馬尼爾·蘇里（Manil Suri），二〇一三年出版。

五本必讀女同小說

《札米，我名字的新寫法》（*Zami*），作者：奧德瑞·洛德，一九八二年出版。

《為你保守祕密》（*Keeping You a Secret*），作者：茱莉·安·彼得絲（Julie Anne Peters），二〇〇三年出版。

《紫色姊妹花》（*The Color Purple*），作者：愛麗絲·沃克，一九八二年出版。

《女孩向後走》（*Girl Walking Backwards*），作者：比特·威廉斯（Bett Williams）一九九八年出版。

《柳橙不是唯一的水果》（*Oranges Are Not the Only Fruit*），作者：珍妮特·溫特森，一九八五年出版。

五本跨性別主題的絕佳著作

《跨性別的任務》（*Trans Mission*），作者：艾利克斯·柏蒂（Alex Bertie），二〇一九年出版。

《致跨性別的姊妹們》（*To My Trans Sisters*），作者：查理斯·克雷格（Charlie Craggs），二〇一七年出版。

《藍調石牆T》（*Stone Butch Blues*），作者：萊斯利·費雷思（Leslie Feinberg），一九九三年出版。

《冥王星早餐》（*Breakfast on Pluto*），作者：派翠克·馬克白（Patrick McCabe），一九九八年出版。

《如果我曾是你的女孩》（*If I Was Your Girl*），作者：梅雷迪斯·魯梭（Meredith Russo），二〇一六年出版。

個城市》（*The First Cities*）出版，他從未停止寫作及教學，直至一九九二年逝世。洛德與英國作家珍妮特·溫特森（Jeanette Winterson）、愛麗絲·沃克並列，被譽為二十世紀最重要的女同作家。

一九七八年，亞米斯德·莫平（Armistead Maupin）在《舊金山紀事報》（*San Francisco Chronicle*）連載作品《城市故事》（*Tales of the City*）首次以小說形式出版，這本小說非常受讀者喜愛，圍繞在一群有尊嚴、性格可愛的跨性別、同性戀角色，過著溫暖並樂觀的LGBTQ人生。該系列的讀者群持續成長——一九九三年首次由英國第四頻道改編為影集，近年網飛（Netflix）也即將再次改編。

艾德蒙·懷特（Edmund White）是一九八〇年代的文學巨擘。一九七七年，艾德蒙與他人合著《男同性愛之歡愉》（*The Joy of Gay Sex*），後出版他的半自傳著作，寫在美國成長的男同性戀，依序是一九八二年《男孩故事》（*A Boy's Own Story*）、一九八八年《美麗的空屋》（*The Beautiful Room Is Empty*）、一九九七年《離別交響曲》（*The Farewell Symphony*）。

一九九四年，跨性別作家凱特·伯恩斯坦（Kate Bornstein）的重要著作《性別是條毛毛蟲》（*Gender Outlaw*）問世，主要分析社會對性別的態度。接著是二〇〇七年茱莉亞·塞拉諾（Julia Serano）出版《鞭打女孩》（*Whipping Girl*）一書，其中一系列論述引出了「厭跨女」[15]一詞。二〇一四年，美國作家珍妮特·莫克（Janet Mock）的個人自傳《重新定義真實》（*Redefining Realness*）殺出重圍，成為《紐約時報》（*New York Times*）暢銷書，莫克因而成為家喻戶曉的名人。

近年來LGBTQ作家日益增加，許多成功且廣受歡迎的批判性著作問世，如一九九八年莎拉·華特絲（Sarah Waters）所著的《輕舔絲絨》（*Tipping the Velvet*）、二〇〇〇年大衛·埃博雪夫（David Ebershoff）的《丹麥女孩》（*The Danish Girl*）、二〇〇四年艾倫·霍林赫斯特（Alan Hollinghurst）的《美的線條》（*The Line of Beauty*）、二〇〇六年艾莉森·貝克德爾（Alison Bechdel）的《悲喜交家》（*Fun Home*），（亦曾改編為百老匯音樂劇）、二〇一四年朱諾·道森（Juno Dawson）的《這本書是同性戀》（*This Book Is Gay*）、二〇一五年異性戀作家貝琪·艾柏塔利（Becky Albertalli）的《西蒙與他的出櫃日誌》（*Simon vs. the Homo Sapiens Agenda*）、二〇一五年卡洛琳娜·德·羅伯提斯（Carolina De Robertis）的《探戈之神》（*The Gods of Tango*），在在展現了LGBTQ故事為文學界增添的豐富色彩。

15｜厭跨女（transmisogyny）：跨性別恐懼症及厭女症的綜合症。

真人實事

戴瑞爾 · 平克尼

獲獎小說家、劇作家、評論家。

單戀的青春歲月裡，奧斯卡 · 王爾德是我的支柱。他告訴我同性之愛必須付出一切，收穫是身心經驗帶來的力量，所以不妨笑著面對。我曾於一九六〇年代時看過一部公共電視的作品《不可兒戲》（*The Importance of Being Earnest*），我著迷於英國式的一切，回想它的同時就像看著自己——黑人小孩因為無法同時跑步、運球而受到嘲笑，黑人小孩是白人小孩的嘲弄對象——試圖加入酷兒國度，卻沒有發覺我崇英思想背後的意義。

我看過一九四五年的電影《格雷的畫像》，之後我去了二手書店，緊緊抱住那本老舊、有著斑駁紅色封面的小説。我沒有和任何人分享王爾德，他不在家裡的書架上，也不在學校的書店裡，不記得我真正了解他的人生多少，但出於某種因素，我把他藏了起來，我一定是發現什麼了。在一次家庭旅遊時，我獨自外出到了另一間二手書店，偶然發現了一九六二年魯伯特 · 哈特－戴維斯（Rupert Hart-Davis）編輯的《奧斯卡 · 王爾德的信》（*The Letters of Oscar Wilde*）。

我讀了一八九七年王爾德寫給阿爾弗雷德 · 道格拉斯勳爵（Lord Alfred Douglas）那封在瑞丁（Reading）監獄服著兩年艱苦的勞役時所寫，又長又苦澀的完整信件。他一直沒有寄出這封信，直到獲釋數月後才寄出。「我譴責自己，為何允許這段不明智的友誼發生……」我在這段畫了重點，「折磨是漫長的時刻。」大部分的內容我並未通透，但已經足夠，學校會開課，酷兒國度文學人口將會激增（在此之前沒人告訴我莎士比亞的《十四行詩》）。一九七〇年代學校的榮光就是我們能公開出櫃。

史塔德（Stade）教授是絕對異性戀者，以一八八四年於斯曼（Huysman）所著的《逆流》（*À rebours*）開始他的講課：「試著想像，你們中的異性戀者……」，大家都笑了，包括坐在我前排的單戀對象。未來也會有其他人，生命會持續下去，萬物都可能改變，就像現在我訝異於書店中的跨性別專區比同性戀專區更大。這些年來我沒有再讀過王爾德，但我一直保存著在二手書店挖出來的寶藏，曾和我一起飄洋過海，從甲地到乙地。把同性戀當成一個社會分類、性取向、身分種類可能已經過時、老派、不合時宜，甚至不足掛齒，但王爾德提醒我，他和我的時代，通往自由的路有多困難，甚至相對自由的路，都是他幫我們開闢出來的。

左圖｜一八九一年小説《格雷的畫像》中奧斯卡 · 王爾德的原始手寫稿。
上圖｜作家戴瑞爾 · 平克尼（Darryl Pinckney）的成長期，奧斯卡 · 王爾德的作品是他的啟蒙。

邦 妮 的 石 牆

一九二〇年，美國部分地區因對同性戀持寬容態度而聞名。根據歷史學家約翰·德安米利歐（John D'Emilio）的資料，有極多數同性戀者聚集於紐奧良的法國區（French Quarter）、舊金山的巴巴里海岸（Barbary Coast）、紐約的哈林區（Harlem）及格林威治村（Greenwich Village）。一九一八年，致力培育新血藝術家的惠特尼工作室（Whitney Studio Club）在格林威治村開幕（後成為世界知名的惠特尼美術館），坐落於下曼哈頓西區，而美國第一個接受不同種族顧客的夜店「咖啡公社」（Café Sosiety），一九三八年時也在附近開幕。格林威治村特別歡迎藝術家，以及美國非主流族群人士到訪。

　　一九三〇年，西四街與韋弗利廣場（Waverly Place）中間的克里斯多福（Christopher）街上一個老馬廄處，開了一間茶坊，在美國禁酒令期間，那是非常熱門、前衛、便宜的餐館。大衛·卡特在其二〇〇四年的重要著作《石牆》（*Stonewall*）中提到，同年女同性戀作家瑪麗·卡薩爾（Mary Casal）出版了自傳作品，也取名《石牆》（*The Stone Wall*）。他建議茶坊的主人邦妮，將茶坊取名為「邦妮的石牆」，向大眾傳遞隱晦的訊息：像瑪麗·卡薩爾一樣的女性，這裡歡迎你。年復一年，「邦妮的石牆酒吧」遠近馳名，一九六〇年已發展成一間備受喜愛、各式服務齊全的餐酒館，簡化名稱為「石牆酒吧」。

　　一九六〇年代中期，這間餐酒館被一場大火燒毀後停止營業。在此之後，它正式成為同志酒吧。一個名叫東尼·勞瑞亞（Tony Lauria）的當地人，人稱「胖東尼」，是有錢有勢的吉諾維斯家族（Genovese，也是黑手黨）成員之子，決定讓石牆酒吧重新開張，為同志顧客提供去處。

　　同時，黑手黨掌控了所有曼哈頓的同志酒吧。這些暴徒並不比社會大眾更在意同志顧客，但他們非常在意錢。這些酒吧屬非法經營，沒有酒牌也沒有繳稅，只要支付租金，每月固定塞錢給警察以確保順利營業，就可以有驚人且穩定的固定收入。胖東尼重新裝修酒吧——在內部燒焦處用黑漆粉刷，一九六七年三月十八日，雖然不合法，石牆酒吧仍向酷兒敞開大門。

　　幾個特點讓石牆酒吧從其他同志酒吧中脫穎而出。第一，有兩個舞池，都比其他酒吧的大，不僅在紐約如此，更是大於同時期整個

右圖｜紐約格林威治村的克里斯多福街，攝於一九六六年。遠處右側可以看到石牆酒吧。《村聲》（*Village Voice*）辦公室就在酒吧前方。圖為一九六九年七月二日的抗議地點。

許多人都是在家鄉受到攻擊、排擠、或被趕出家門，成千上萬的人湧入紐約。

美國的酒吧舞池。第二，開在顯眼的大街上，不像其他酒吧在巷弄裡。第三，非常平價，石牆平日入場費是一塊美金，週末是三塊美金。和現在一樣，一般年輕的男同性戀者都是從小城鎮來到更自由、更寬廣、更能接納同性戀者的城市。一九六〇年代許多人都是在家鄉受到攻擊、排擠、或被趕出家門，成千上萬的人湧入紐約。這些青年會從事賣淫或乞討，很多人無家可歸就睡在公園裡。平易近人的入場費意味著他們可以在這裡找到慰藉、安全感，通常也可以找到一起回家的人。

但或許石牆酒吧如此獨特的關鍵原因是，這是紐約唯一一個允許同性別的人共舞的同志酒吧，當時這是違法行為，一九六六年的紐約，大多數同性戀從未見過這個場景。

因為以上這些因素，石牆酒吧很快有了大批忠實顧客。很多常出入酒吧的人似乎認為顧客主要都是男同性戀或雙性戀者，但不可否認的是石牆酒吧更前衛、多元化發展，其他同志酒吧反而顯得呆板，顧客多是謹言慎行的白人男性，打扮成普通男性的穿著。這些男性也很常去石牆酒吧，混在變裝或化妝的男性中，或混在陰柔的男性「娘娘腔」、男性化的女同性戀者、有色人種、拉丁裔美國人、性工作者、或現在稱為跨性別者、性別認知不同者的人群中：這些人身處邊緣化社群的邊緣。

綜合這些因素，石牆酒吧獲得空前成功。就像大衛・卡特在其著作《石牆》中所說，胖東尼及合夥人在開幕第一天晚上，就賺得比重新裝修所花的三千五百美元還多了。

下圖｜馬太辛協會的成員——約翰・提明斯（John Timmins）、迪克・萊特希、克雷格・羅德威爾（Craig Rodwell）、藍迪・維克（Randy Wicker）在朱利斯酒吧吧臺小酌，攝於一九六六年四月二十一日，紐約。紐約明令禁止酒吧服務同性戀顧客。

右頁｜一九五二年，克莉絲汀・約根森因接受變性手術而成名，成為美國第一個變性人。他在咖啡公社俱樂部展現他苦練的芭蕾舞，攝於一九六〇年代，紐約格林威治村。

石 牆 酒 吧 裡

石牆酒吧裡，判斷力至關重要。店名高高掛在外面，黑手黨老闆為了規避沒有取得許可的違法行為，佯裝成一間私人會員制的「飲酒俱樂部」。真正的飲酒俱樂部裡，付費會員可以帶自己的酒來，上面貼有會員姓名，放置於吧臺交由俱樂部保管。但事實上，在石牆酒吧裡，只要你是同性戀或「看起來像同性戀」，繳了入場費，在樓下的酒瓶上寫上自己的名字，假裝酒是你帶來的，製造私人會館的假象。外側漆黑的窗戶正對著街上，門口的保全「金髮法蘭基」（"Blond Frankie"）會檢視每個想進去的人，他非常會看人，能辨別異性戀和便衣警察，如果遇到無法一眼辨別出身分的人，他就會請客人敘述這個酒吧的獨特之處，如果客人可以正確地回答問題，付完入場費、簽上名字（通常是假名）就能進場，拿到的兩張票券可以在裡面兌換飲品。

這個地方不安全也不乾淨。裡面有兩個老是擠滿人的舞池，但沒有逃生門，飲料都被加水稀釋，酒吧裡沒有自來水，每到營業時間前，就會在兩個水槽和橡膠桶裡裝滿水，要裝飲料前在裡面讓玻璃杯過個水。髒臭的水會倒進廁所裡，地板總是溼的，或許這裡和肝炎爆發脫不了關係。

儘管如此，對這些人來說可以伴著瑪莎·瑞芙斯和凡德拉女子樂團（Martha Reeves and the Vandellas）、香格里拉女子合唱團（The Shangri-Las）、至上女聲組合（The Supremes）的音樂——訴說心碎的歌曲，希望愛可以治癒外在世界帶來的傷痛，就值得冒著風險、耐著髒亂在石牆酒吧度上一夜。

客人們絡繹不絕意味著可以慷慨地塞錢給警察。美國《佳麗》（*Pageant*）雜誌一篇文章指出，曼哈頓第六分局每個月可以收到石牆酒吧給的一千兩百美元。警察會到酒吧，態度友善地和門房聊上幾句，有時候離開前會和酒吧老闆喝兩杯，再開著警車回去。包括記者克雷格·羅德威爾（Craig Rodwell，住紐約時曾從政、為同性戀爭取權益的社運家哈維·米爾克〔Harvey Milk〕交往），很多人都憤怒於城市中同性戀的生活重心，居然發展出這種不正常、腐敗的關係。

「酒吧一直是我們唯一的去處，某種程度上是我們的天堂。」他說：「我總是為此感到憤怒，黑手黨竟如此大幅地掌控我們的社交生活。」

但是儘管警察藉此中飽私囊，他們仍必須終止這些非法行為。當地居民經常向警方抱怨這些亂七八糟的人，警方至少每月

一次突擊檢查石牆酒吧，就像對待其他同志酒吧一樣，也會逮捕一些顧客或員工。

有些人認為警察應該更認真致力於關閉同志酒吧。儘管酒吧本身沒有販售毒品或進行性交易，現場卻能找到。當時的同性戀者可能會因其身分而遭開除，關進精神機構，因此被勒索更是常見。有人說華爾街指標性人物曾被石牆酒吧遇到的人勒索，揚言公開他的同性戀身分。石牆事件發生前數週，蛇坑酒吧（Snake Pit）、下水道酒吧[16]等其他酒吧都遭到突襲，還有一些酒吧被迫停止營業，例如棋盤酒吧（Checkerboard）、電星酒吧（Tele-Star）。

據某些報導指出，警察與同志酒吧關係密切，通常會告訴酒吧何時要突擊檢查，有時會在熱門時段前完成搜查，晚上就能順利營業。

要被突襲前，老闆會刻意避開現場，不留太多現金在酒吧。警察到場時，保全會按下隱藏按鈕，酒吧裡便亮起警示燈，提醒現場客人不要做肢體接觸，和舞伴分開以準備搜查。有些人會被逮捕，有時候員工也會被帶走，之後酒吧便照常營業，就像以往無數的夜晚一樣。雖然搜查應該足以威嚇人群，但常客已經習以為常，這只是石牆酒吧常客的一部分經歷。

可是一九六九年六月二十七日星期五晚上並非如此。

---

16 | 原名Sewer，作者認為這個名字很有趣，帶有不見天日的雙關意味。

右頁 | 石牆酒吧外，事件發生後窗戶馬上被封了起來，攝於一九六九年。

那 一 晚 ， 他 們 葬 了 茱 蒂 · 嘉 蘭

沒有人知道為什麼那晚的突擊檢查會觸發如此大的事件，以往無數的突擊卻無事。

馬丁·杜伯曼（Martin Duberman）在一九九三年的《石牆》（Stonewall）一書中提到，這場充滿能量的變革發生於已然動盪的年代，石牆事件兩年前全球局勢就相當不穩定。一九六八年四月四日，就在石牆事件前一年，解放運動的代表人物金恩博士遭到暗殺，美國各地掀起陣陣動亂。兩個月後，羅伯·甘迺迪（Robert F. Kennedy）遭槍殺。兩起事件都是和平變革的象徵。一九六八年五月，法國各地爆發大規模抗爭，很可能升級成全面革命。巴黎大學（University of Paris）的學生和校方爭論，他們認為尚未創建完成的巴黎南泰爾大學[17]現況不符期待，受到社會學家馬克思（Marx）、心理學家佛洛伊德（Freud）、沙特的影響，學生都紛紛站出來，表達他們對消費主義、資本主義、美國文化影響的不滿。五月六日，兩萬名反抗群眾遭到警方強烈回擊：抗爭正式成為動亂。接下來幾天，各地動亂不止，約兩百萬名勞工加入全國罷工。法國總統戴高樂（Charles de Gaulle）逃離法國，並召開國會選舉。這些事件在西方世界造成回響。法國歷史學家艾希克·阿拉希（Éric Alary）為一九六八年五月及整個一九六〇年代總結：「這段期間裡，各種大膽的行動都可能實現，為社會帶來深刻的轉變。」

一九六八年八月，警方在民主黨全國代表大會（Democratic National Convention）上造成騷亂，暴力襲擊反越戰的抗爭者。一個月後，女性主義者突擊美國大西洋城中的每一場美國小姐選拔賽。一九六八年十月二日，奧林匹克運動會開幕前十天（政府為此斥資十億美元），墨西哥城的特拉特洛爾科（Tlatelolco）地區，四十四名學生抗爭者遭政府狙擊手射殺，當場死亡。

世界各地的年輕人和充滿被剝奪感的人民間，瀰漫著政治樣貌正在崩解的氛圍，也有愈來愈多活躍的同性戀者認為LGBTQ權益運動過於溫和——甚至近乎謙卑，需要借助其他團體的基進策略。這些年來，人們一直認為茱蒂·嘉蘭（Judy Garland）的死是觸發運動的因素。嘉蘭是當時最知名的同性戀代表人物，他參演的電影敘述一群認為可以在旅途中找到自尊的人，最後發現自尊就在自己的內心深處。[18] 一九六七年美國《時代雜誌》

上圖｜ 要求終止越戰的示威人群，攝於華盛頓特區（Washington DC），一九六九年十一月十五日。

下圖｜ 一九六八年九月七日，女性主義示威者在美國小姐選拔現場。約兩百名女權主義者將胸罩以及其他女性用品丟進垃圾桶，據報導指出，僅丟棄並未焚燒。

右頁｜ 世界各地爆發抗議運動。一九六八年五月，法國巴黎學生示威者站出來抗議不平等事件，以及缺乏像樣的學生宿舍，幾乎演變成一場革命。

17｜ 巴黎南泰爾大學（Paris Nanterre University）：又稱巴黎第十大學。

18｜ 此處說的是一九三九年電影《綠野仙蹤》（The Wizard of Oz），嘉蘭飾演桃樂絲（Dorothy）。

（Time）中一篇文章曾說「每晚為他鼓掌喝采的人絕大多數都是同性戀，這些男性……幾乎就要從座位上跳起來。」但無庸置疑的是他確實深受喜愛。一九六九年六月二十二日，嘉蘭於倫敦逝世，年僅四十七歲，不到一週後爆發石牆事件。石牆事件前夕，六月二十七日，嘉蘭葬禮在紐約舉行，據說他的死將消沉的人們推向崩潰邊緣。

雖然根據大衛・卡特的看法，這種說法缺乏可信度，幾乎沒有在場人士曾提到這件事，只有《村聲》一篇明顯較尖銳的報導。卡特認為年輕顧客多半覺得嘉蘭已經過時，他們對當時的流行音樂更感興趣，刻意連結這兩件事顯然是為了輕蔑及減低事件的政治重要性。很多人也同意卡特的看法，認為嘉蘭之死的影響力在於象徵過時的退縮型受害者[19]心理已不復在，通常這種心理會外顯為對悲劇型抒情女歌手的崇拜，讓這些年輕人洶湧、壓抑的怒火有地方宣洩。然而多年後，自稱變裝皇后的社運者希薇亞・里維拉（Sylvia Rivera）說，確實有些人在葬禮觀禮後感到特別沮喪。雖然聽起來很老派，當時LGBTQ族群中的確有很多人專注於強大形象、勇於挑戰的女性歌手。如果今日受到同性戀歡迎的瑪丹娜（Madonna）、碧昂絲（Beyoncé）過世了，一樣會有數量可觀的群眾為此深深地哀痛。當我們無法開口時，這些人

19｜受到外界攻擊時傾向自責，認為都是自己過於弱小或自己犯錯才引發攻擊的心理。

能大聲說出我們的痛苦與渴望，但這顯然不是事件爆發的主要因素。

　　一九六九年夏天，警察愈來愈無法容忍石牆酒吧，他們不滿於黑手黨掌控整間酒吧，任由人群在此販售、吸食毒品。同時，有非常多人被勒索，包括高知名度的華爾街人士，他們受威脅被迫出櫃，將會失去飯碗。似乎是改變的時機了。美國就是引爆點，當同性戀者看到其他被邊緣化的團體不再沉默，一場LGBTQ的反抗蠢蠢欲動，一觸即發。

　　這一晚就像其他石牆酒吧的夜晚一樣，當週已經被搜查過一次，常客們都可以好好放鬆了，一週內如果搜查兩次，是相當不尋常的意外之事。

　　大約午夜時，四十七歲的副督察西摩‧派恩（Seymour Pine）在紐約市警察局第六分局召開會議，簡單匯報這次慣例搜查行動。他們熟悉搜查行動，這次也會一如往常，便衣警察會先進去蒐集是否有賣酒、毒品、或是男性變裝成女性、女性變裝成男性的證據，他們特別愛逮捕變裝者。被逮捕的人會遭到拘留，警局的績效就會提高，有人會拍拍他們的肩以示鼓勵。

　　多年後，派恩說：「他們是很好的逮捕對象，不會惹麻煩。」

　　派恩的小隊有兩名女警、五名男警和一名督察。他們開著便衣警車，來到克里斯多福街。那是一個熱得不尋常的夜晚，格林威治村就像往常一樣熱鬧。

　　便衣警察沒被阻攔一路進到酒吧。派恩在外面等著。

　　凌晨一點二十分，派恩給出信號。其他警察走到石牆酒吧門口，大喊：「警察！搜查！」

石 牆 事 件

關於那晚的故事很多，大衛·卡特在二○○四年的著作《石牆：引發同性戀革命的暴動》中，提出非常詳盡的研究結果。

警察進入酒吧後，循著平常的流程，開燈、關音樂、清空收銀櫃、分散人群。失望、沮喪、緊張的情緒在人群中蔓延開來，沒遇過搜查的人開始打聽被逮捕會不會對生活和家庭造成影響，群眾想逃離酒吧，但警察強行穿越人群，把一些顧客趕到另一個獨立的房間。不尋常的是，這次出現反抗的聲音，但搜查仍持續進行。

非黑手黨背景員工的資料受到掌握，女同性戀者被粗暴地搜身，大聲反抗著。有些桌椅擺設被砸壞了。大衛·卡特引用了一個名叫莫提·曼福特（Morty Manford）少年的話，他問自己：「為什麼我們就要忍受這些鳥事？」

通常被發現是變裝者的人會被隔離在廁所，這次他們起身反抗，喊著：「拿開你的手！」、「不要碰我！」，副督察派恩多年後說，這是他決定逮捕更多人的原因。

大約二十分鐘後，可以離開的人被要求「檢查」個人資料、身分證、性別才能走，在酒吧大門，一個接著一個。但這次，他們沒有離開，就站在原地看著。當地其他酷兒也停下來看這場騷動。

一開始，受腎上腺素影響，群眾非常亢奮，還在開玩笑、大聲談笑、演起戲來，好像在看一齣好戲。愈來愈多人走出酒吧，歡聲四起，那些離開的人也跟群眾嬉鬧。更多拘捕車到了，遭逮捕的人一一上了車，有人開始低沉地唱著民權運動經典歌曲〈我們終將克服難關〉（We Shall Overcome），警察愈來愈粗暴地對待被逮捕的人，用腳踢、用手推。群眾回響愈來愈大，有些人叫警察「娘娘腔」[20]或其他稱呼。嘲弄的話語和陣陣笑聲與緊張氣氛交織，群眾激情延燒，有人拍打拘捕車的車身。當地同性戀記者克雷格·羅德威爾大喊著：「同性戀團結！」他的朋友制止他，卻無法停下其他群眾的吶喊。

接著，有一名警察推了跨性別女性一把——有人說那是演員黛咪·諾瓦克（Tammy Novak），受到朋友希薇亞·里維拉（Sylvia Rivera）的鼓動，他反擊警察。當他冉次被警察推倒，諾瓦克用皮包打了回去，警察也用警棍反擊他的頭。

群眾發出陣陣噓聲。

一個身著深紅上衣的男子，卡特調查認為那是當地的波多黎各籍男子，他大喊：「沒人跟我一起！我才不會吞下這口氣！」

20 | 原文為「Lily Law」，是當時同性戀者流行用語之一，他們會用各種用語暗諷警察或女性化警察形象。

右頁 | 早期同性戀權益運動的無名英雄之一，記者及書店老闆克雷格·羅德威爾。拿著馬太辛協會社運者法蘭克·卡莫尼（Frank Kameny）喊出的知名標語，攝於一九六九年。

一開始，受腎上腺素影響，群眾非常亢奮，
還在開玩笑、大聲談笑、演起戲來，
好像在看一齣好戲。

很多說法都認為拿皮包回擊警察是整起事件的引爆點，但也有另一種說法：一個非裔血統的女同性戀者變裝者，傳言是演藝人員史多玫·德拉維利（Stormé DeLarverie），因為穿著男性服飾而遭逮捕，坐在拘捕車後座，與警方起爭執，他大喊：「同性戀為什麼不起身反抗？」

他的兄弟姊妹們都回應他的號召，群眾奮起吶喊著：「我們要翻轉局勢！」、「混蛋！」、「警察殘暴！」，他們開始投擲錢幣和各式各樣的瓶罐。變裝皇后踢了警察，有人偷了警察的鑰匙解開手銬，再傳給其他人。警察用警棍反擊群眾，一場混亂正式爆發。副督察派恩非常震驚，他命令三輛已滿的拘捕車盡速離開、盡快回來，當他們正要離開時，憤怒的群眾開始拍打車身，拘捕車因而搖晃，有輛車的輪胎被割破。

我們無法確認是誰，總之有一個人，穿著深紅色上衣很像波多黎各人的男子，有人說他叫吉諾（Gino），撿起一塊小石頭丟向警車，警察嚇一跳，決定回到石牆酒吧，想辦法把前門關上。

警察退守酒吧後，有人朝窗戶內丟了一個垃圾桶，很多窗戶都已經被硬幣砸破，玻璃碎了，外面聲響顯示騷亂正一發不可收拾，警察開始在石牆酒吧設置封鎖線，群眾之怒轉為盲目的憤怒，多年來警察不斷騷擾他們、逼他們離開LGBTQ唯一的安全之地，他們要從警察手中奪回酒吧。更多石頭、硬幣、瓶罐、任何群眾可以拿到手的東西都往窗戶裡丟。

隨著躁動的氣圍，群眾把一根燈柱從地上搖開，作為攻城槌要撞開石牆大門。還有人把燈油淋在破布上丟進窗戶裡，酒吧裡開始燃起煙。酒吧內，派恩和下屬撲滅了火苗，害怕會死在這裡，或是被衝進來的群眾殺了，於是他們拔出槍。派恩深知開槍的後果，他命令下屬除非他明確下令，否則絕對不可以開槍。

發覺事態愈來愈嚴重，有些人跑到公共電話亭，叫朋友們盡快趕到克里斯多福街。社運者克雷格·羅德威爾打電話給當地報社，提醒他們報導即將發生的事件。另一個社運者吉姆·弗拉特（Jim Fouratt）打電話給活躍於政治圈的朋友，認為他們會支持反抗警察的群眾。

關於LGBTQ族群中每個人扮演的角色為何，莫衷一是。大衛·卡特引用了旁觀者的一句話，他說他們不是變裝皇后而是「火焰皇后」。男同性戀者的既定印象就是柔弱，穿著鮮豔的上衣或圍巾，卻是他們帶領這場反擊。

另一個事實是，許多較「傳統」男性形象的男同性戀者也加入了。雖然普遍認為這次事件由男同性戀主導，但更多說法表示更邊緣化的跨性別者、有色人種、較「陰柔」的男性、較「男性化」的女性、以及街頭的流浪兒童，他們才是這場事件的主導

者。尤其是酷兒流浪兒童，他們被父母趕出家門、被自己的族群排斥，流浪過整個美國才來到紐約，克里斯多福街附近很多無家可歸的人，他們一無所有就不怕有所失，全心投入這場動亂，人數高達五百至六百人。

大衛·卡特也引用了麥可·費德（Michael Fader）的話：「我們都有同樣的感受，已經受夠了這些鳥事，沒有具體的事項能和他人提起，就像這些年來的點點滴滴都忽然湧上心頭，就在這個特別的夜晚……人群中的每個人都認為我們絕不會再回頭……是時候拿回原本屬於我們的東西了……我們從未完整擁有過自由，但我們不會再懦弱地走在黑暗中，任由他們擺布。這種感覺就像第一次堅定地站穩自己的立場，正是這點讓警察大吃一驚。」

大門一次又一次地被猛烈撞擊著，派恩開始擔心生命安全，準備下令開槍——可能會殺死幾個反抗者，他和下屬也可能因此死亡。增援警察的警笛聲響起，更多警車趕來營救他們。

但事件並未就此終結。雖然派恩團隊獲救，群眾仍非常憤怒並不打算離開，持續點燃垃圾桶，丟擲任何可以丟出去的東西。克里斯多福街附近變成酷兒與防暴警察玩貓抓老鼠的場地。物品飛來飛去，警察毆打群眾，想逮捕愈多人愈好。包括當地居民以旁觀為由封鎖了這條街，防暴警察發現自己眼前是多麼驚人的景象，他們戰略性排成V字形，放下頭盔上的面罩，舉起警棍。一群流浪孩童手牽著手圍成一圈，開始唱著他們最喜歡的歌，齊聲高喊著：

「我們是石牆女孩；
我們的頭髮捲曲；
我們沒穿內褲；
我們露出陰毛；
我們穿著工作服；
在膝蓋之上。」

這些孩童堅定地站在自己的崗位，直到最後一刻才跑走散開，警察也逐漸遠離他們。衝突持續數小時，直到人們散去回家睡覺才宣告終結。

隔天，觸電般的氣圍仍蔓延著。許多對政治感興趣的LGBTQ人士歡欣鼓舞，也有些人失落於這場抗爭並未蔓延到市中心，但

大約凌晨四點，群眾散去。我們知道石牆暴動已結束，然而實際上，這才是開始。

新聞很快傳遍整個紐約。克雷格·羅德威爾向報社打的電話奏效了，《紐約每日新聞》（The Daily News）將這起事件放至頭版報導，《紐約時報》及《紐約郵報》（New York Post）也有相關報導。

六月二十八日星期六白天，群眾又開始聚集在格林威治村，有人來看看被燻黑的石牆大門，隨著時間過去，大門被漆上「同性戀團結！」、「同志酒吧合法化！」等標語，警察在附近加強部署。附近群眾人數仍持續攀升，估計有兩千名群眾聚集石牆酒吧外，許多年長的LGBTQ人士也到場，其中有些人雖然不喜歡動亂場面，仍到場觀察及支持，當地也有很多非同志酒吧願意提供場地，供抗議群眾使用。抗議再次展開，群眾撕下巴士上的廣告、推動巴士、阻止其他人來這個地方，他們說克里斯多福街同性戀的。

大衛·卡特說，有一名計程車司機走錯了路，計程車被包圍時忽然心臟病發，這起不幸的意外是石牆事件中一起死亡案例，

後來群眾也協助計程車安全離開該區域。

很多異性戀人士都是強而有力的後盾，據傳有一名女性向所有他能碰面的警察抗議，要求同性戀者可以不受阻礙地出入石牆酒吧。街上的流浪兒童持續唱著「石牆女孩」之歌，和警察起衝突。自稱變裝皇后的瑪莎·強森，一名非裔美國人，用一個裝著重物的袋子砸碎了警車的擋風玻璃。火苗已被點燃，就連當地女子監獄中的女同性戀被拘留者都向外丟出燒過的報紙，丟向漆黑、有史以來最熱的夜晚。大約凌晨四點，群眾散去。我們知道石牆暴動已結束，然而實際上，這才是開始。

左頁 | 石牆酒吧吸引各式各樣的顧客上門，包括中產階級的男同性戀者，也有被邊緣化的族群，如有色人種、性別表現不一致者、較男性化的女同性戀者、流浪兒童等，各種說法都證實，無後顧之憂的人最奮不顧身。據說這張照片是石牆事件的第二夜，從六月二十八日星期六晚上至二十九日凌晨間。
上圖 | 很多紐約同志酒吧都由黑手黨掌控，克雷格·羅德威爾發動倡議運動，鼓勵LGBTQ族群創建自己的地方，遠離黑手黨的操控。事件後幾天這張圖被畫在石牆酒吧封住的窗戶上。

克里斯多福街解放日

「一九六九年六月二十七日星期五晚上以及一九六九年六月二十八星期六將會在歷史上留下一筆，這是首次有數千名同性戀男女走上大街，抗議多年來在紐約存在的不公平現象。」所以請看看克雷格‧羅德威爾及他的伴侶弗雷德‧沙堅特（Fred Sargeant）在同性戀青年運動時印製的五千份社區傳單，他們將傳單散播到整個城市，呼籲同性戀者抵制像石牆酒吧這種被黑手黨掌控的酒吧，他們要屬於自己的酒吧。

上圖｜一群示威者參與紐約時代廣場的同性戀解放陣線（Gay Liberation Front）遊行，攝於一九六九年。

整個城市充滿嶄新、無畏的活力。事件發生後的第一個星期三,《村聲》發表了一篇被認為輕蔑、恐同的文章,群眾聚集在外,揚言要燒掉他們的辦公室。於是發生了更多衝突、更多人遭到逮捕,但正如一位目擊者所說:「消息已經傳開了,克里斯多福街應該解放,同性戀早就受夠被壓抑了。」

這場餘波過後,抗爭者知道他們不能失去動力。突擊同志酒吧的行動仍持續著,有些由派恩領頭。一九六九年十月,石牆酒吧關閉。

在越戰反抗勢力及黑豹黨[21]的刺激下,普遍認為勢必採取基進策略。馬太辛協會與比利提斯女兒會被同性戀解放陣線(Gay Liberation Front)取代,這是第一個名稱裡直接使用「同性戀」一詞的社會團體。同性戀解放陣線的目標議題涉及更廣泛的不平等現象,包括抗議資本主義帶來的不公,但也很快被專注於男女同性戀者的同性戀行動聯盟(Gay Activists Alliance)取代。

克雷格·羅德威爾大約有五年期間都是該領域的代表人物。從一九六五年四月十七日,馬太辛協會的白宮遊行,之後羅德威爾每年都舉辦「年度提醒」(Annual Reminder)示威活動。第一次舉辦時只有三十九人參加,雖然言論及衣著都很保守,但骨子裡依然基進。一九六九年十一月二號在羅德威爾的公寓舉辦會議時,提出了一項新提案:

> 為了加強重要性,讓更多人知道這件事,包括了為了更遠大的理想、理念所做的努力——也就是我們的基本人權,時間及空間上都必須加強推進年度提醒活動。
> 我們建議每年六月的最後一個星期六在紐約舉辦示威遊行,以紀念一九六五年在克里斯多福街的自發性遊行,這場遊行就叫做「克里斯多福街解放日」,沒有任何穿著或年齡的限制。
> 同時我們也提議應該聯繫全國相關同性戀組織,建議他們在那一天同步舉辦遊行,向全國展現我們的團結力量。

於是,由克雷格·羅德威爾、弗雷德·沙堅特、布蘭達·霍華(Brenda Howard,同志遊行之母)、艾倫·布洛伊迪(Ellen Broidy)、琳達·羅德斯(Linda Rhodes)等人號召的克里斯多福解放日,全世界第一場同志遊行,就在一九七〇年六月二十九日星期天舉行,紀念一九六九年石牆事件屆滿一週年。

同一個週末,芝加哥、洛杉磯、舊金山都舉辦了遊行。隔年,兩位曾在石牆酒吧以變裝皇后自稱的瑪莎·強森及希薇亞·里維拉,也創立了新組織街頭跨性別行動革命(Street Transvestite Action Revolutionaries),簡稱「STAR」,專門協助遭到孤立的邊緣人,例如性工作者、無家可歸者,他們提供庇護所,稱為「星光小屋」,一開始是一個拖車後廂,後來是一間公寓,他們以性工作籌措資金創辦這間小屋,為需要的人提供幫助。

一九七一年六月最後一個星期天,有更多城市加入克里斯多福街解放日遊行,包括波士頓、達拉斯、密爾瓦基(Milwaukee)、巴黎、西柏林、斯德哥爾摩、倫敦。歐洲第一個由協會官方舉辦的同志遊行於一九七二年四月二十八日在德國明斯特(Münster)舉行。

一九七二年,英國的布萊頓、美國的亞特蘭大、水牛城、底特律、華盛頓特區、邁阿密、費城也加入遊行。「同志驕傲遊行」正式誕生,這個名詞的創始者一般認為是克雷格·史庫恩梅克(Craig Schoonmaker),雙性戀社運者布蘭達·霍華及羅伯·馬丁(Robert A Martin)亦支持使用這個詞彙。

一九七三年,不同社會經濟體、性別表現不一致者與有色人種、以及希望呈現更多中產階級(及白人)「受尊敬」的同志樣貌者,各族群間的關係愈來愈緊繃。第三屆紐約克里斯多福街解放日的舞臺上,希薇亞·里維拉向群眾發表演說,譴責他們的兄弟姊妹在監獄裡得不到支援,經常遭受強暴或受暴力對待:

21 | Black Panthers,美國黑豹黨。創立於一九六六年,由非裔美國人組成,旨在促進美國黑人民權,支持適當使用武力。

上圖 | 瑪莎·強森照片,攝影師為男同性戀藝術家阿爾文·巴爾特魯普(Alvin Baltrop),黑白銀鹽影像,攝於一九七五至一九八六年間。強森是石牆事件代表人物之一。性別認同不一致者,LGBTQ歷史上被抹除的跨性別者與有色人種代表人物。

下頁 | 同性戀解放陣線在紐約時代廣場遊行,攝於一九六九年。

「來星光小屋看看這些人吧……他們正試著為我們所有人做些什麼，不只是為了中產階級或白人俱樂部的裡的男男女女。這就是你們所有人該做的，站出來吧！」

下一個發表演說的是女同性戀及女性主義者珍‧奧利里（Jean O'Leary），他在演說中批評變裝皇后是在「利用女性」，變裝皇后李‧布魯斯特（Lee Brewster）馬上站上舞臺，怒吼：「今天你可以在這裡慶祝，都歸功於變裝皇后在石牆酒吧所做的事！」布魯斯特的言論參雜著臺下的噓聲與嘲笑，當然也有人支持。然而，存在於這場運動的分歧，就在這一天首次暴露出來。

許多年後，里維拉在接受訪問時說，他的朋友瑪莎‧強森死於哈德遜河後（死因仍不明），他曾試圖結束自己的生命，「這場運動把我撇除在外，但他們讓我再次站出來，出現在大家面前。」受排擠多年後，里維拉於一九九四年和石牆專業協會（Stonewall Veterans' Association）一起參與石牆事件二十五週年遊行。

左頁｜瑪莎‧強森與希薇亞‧里維拉於紐約克里斯多福街解放日，攝於一九七三年六月二十四日。他們創立了街頭跨性別行動革命（STAR），為有色人種、窮困且無家可歸的LGBT流浪兒童權益請命。
下圖｜馬太辛協會的法蘭克‧卡莫尼及芭芭拉‧吉廷斯，攝於一九七一年。
右圖｜同志革命行動陣線（Le Front Homosexuel d'Action Révolutionnaire，簡稱FHAR）所出的刊物《L'antinorm》，一九七三年出版。LGBTQ權益組織，於一九七一年成立於巴黎，緊接在石牆覺醒及一九六八年巴黎五月風暴之後。
下頁｜一九七〇年六月二十八日首次克利斯多福街解放日遊行。

同志革命行動陣線

許多法國早期的LGBTQ行動主義都奠基於法國的哲學傳統。第一個同性戀權益組織阿卡迪協會（Association Arcadie）創辦於一九五四年，創辦人是哲學家安德烈‧鮑德里（André Baudry），支持者有導演尚‧考克多（Jean Cocteau）及外交官兼小說家羅傑‧佩瑞菲特（Roger Peyrefitte）。和美國石牆事件後一樣，社會保守派與基進理想派之間關係緊張，法國社運很快出現分歧。一九七一年，一個同性戀社運團體想加入傳統派五一勞工遊行，一群男同性戀者與女同性戀者從阿卡迪中分支出來，成立新組織，名為同志革命行動陣線，簡稱FHAR，由哲學家蓋‧霍昆翰（Guy Hocquenghem）及女同性戀兼「生態女性主義」者法蘭索‧朵芘（Françoise d'Eaubonne）領航。該協會中斷了一個反墮胎會議，及一個盧森堡廣播電臺（Radio Luxembourg）的恐同節目，並向種族主義、極右、極左派恐同團體下戰帖。

FHAR為左派刊物《Tout》撰稿，由哲學家兼作家尚－保羅‧沙特（Jean-Paul Sartre）編輯。該協會成立三年即解散，在短短幾年間發揮極大的影響力，而蓋‧霍昆翰仍是法國國民心中最有影響力的LGBTQ社運家。

文化：音樂

一九七〇年代初期，人們開始走出衣櫃，音樂也是。一九七二年，性向流動的美國搖滾歌手盧·里德（Lou Reed）發表了經典專輯《變壓器》（*Transformer*），與大衛·鮑伊（David Bowie）共同製作，其中包括〈漫步在狂野大街〉（Walk on the Wild Side）——關於沃荷工廠的跨性別明星荷莉·伍德勞恩（Holly Woodlawn）及坎迪·達琳（Candy Darling）的歌。

局勢改變的契機發生於一九七二年，大衛·鮑伊用舞臺人格基齊星塵（Ziggy Stardust）向英國音樂週刊《旋律製造者》（*Melody Maker*）說：「我是同性戀。」四年後，美國《花花公子》（*Playboy*）雜誌採訪時，他說：「是真的，我是雙性戀。」他當時的妻子安琪·鮑伊（Angie Bowie）曾說，他和英國搖滾樂手米克·傑格（Mick Jagger）發生過性關係，鮑伊後來說這是他人生最大的錯誤，這件事成為他在「嚴格拘謹的美國」職涯上的絆腳石。評論家推測他的本質是異性戀，但後來承認曾和男性發生關係，只是時代的效應。然而，他的宣言及關注性別議題仍然是一大躍進，激發了整個世代的藝術家，包括英國歌手喬治男孩（Boy George）、美國歌手瑪丹娜（Madonna）。

很少人知道的是，第一個公開出櫃且與大唱片公司簽約的同性戀搖滾明星是布魯斯·韋恩·坎貝爾（Bruce Wayne Campbell），藝名為喬布萊亞斯（Jobriath）。一九七三年音樂大亨大衛·葛芬（David Geffen，不久後出櫃）以五十萬美金簽下喬布萊亞斯兩張專輯合約，當時那是有史以來最高額的唱片約之一。他穿著耀眼的演出服裝，誇張地演繹華麗搖滾，被譽為「新世代鮑伊」，將會「比披頭四及貓王更有成就」。他走在時代尖端，自詡「搖滾界最真實的仙女」。[22]他的音樂評價兩極，並沒有得到大眾回響。喬布萊亞斯一九八四年死於愛滋相關疾病。然而，包括馬克·阿蒙德（Marc Almond）在內的許多人，都認同他是第一個真正的同性戀流行歌手。

一九七三年華盛頓特區的一個女同性戀團體創辦了奧莉維亞唱片（Olivia Records），專為女性創作音樂，他們非常成功，也吸引到小野洋子（Yoko Ono）希望與他們合作，但為了保有獨立性，他們婉拒合作邀約。

另一個文化改變的契機在一九七六年，當時全世界最暢銷的歌手艾爾頓·強（Elton John），他對《滾石雜誌》（*Rolling Stone*）坦承雙性戀身分。「和與你同性別的人同床共枕並非錯事，」艾爾頓說：「我認為每個人都是某種程度上的雙性戀，我不覺得只有我，這也不該是一件壞事。」

和鮑伊一樣，出櫃影響銷量，似乎所有出櫃藝人都一樣，音樂家之間日益增長的寬容度似乎未能影響聽眾。一九六〇年代美

22 | 仙女：原文為fairy，經常用來輕蔑男同性戀者，譏諷為娘娘腔之意。

上圖 | 大衛·鮑伊是率先關心性別議題的主流巨星，影響整個世代的酷兒音樂家，並大聲說身為雙性戀是很酷的事。圖為一九七三年他變身為雌雄同體的分身自我基齊星塵。

右頁 | 一九七六年，全世界最暢銷的歌手艾爾頓·強於《滾石雜誌》訪談中出櫃。「我從來沒有談過這件事，」他說：「我是雙性戀，和與你同性別的人同床共枕並非錯事。」

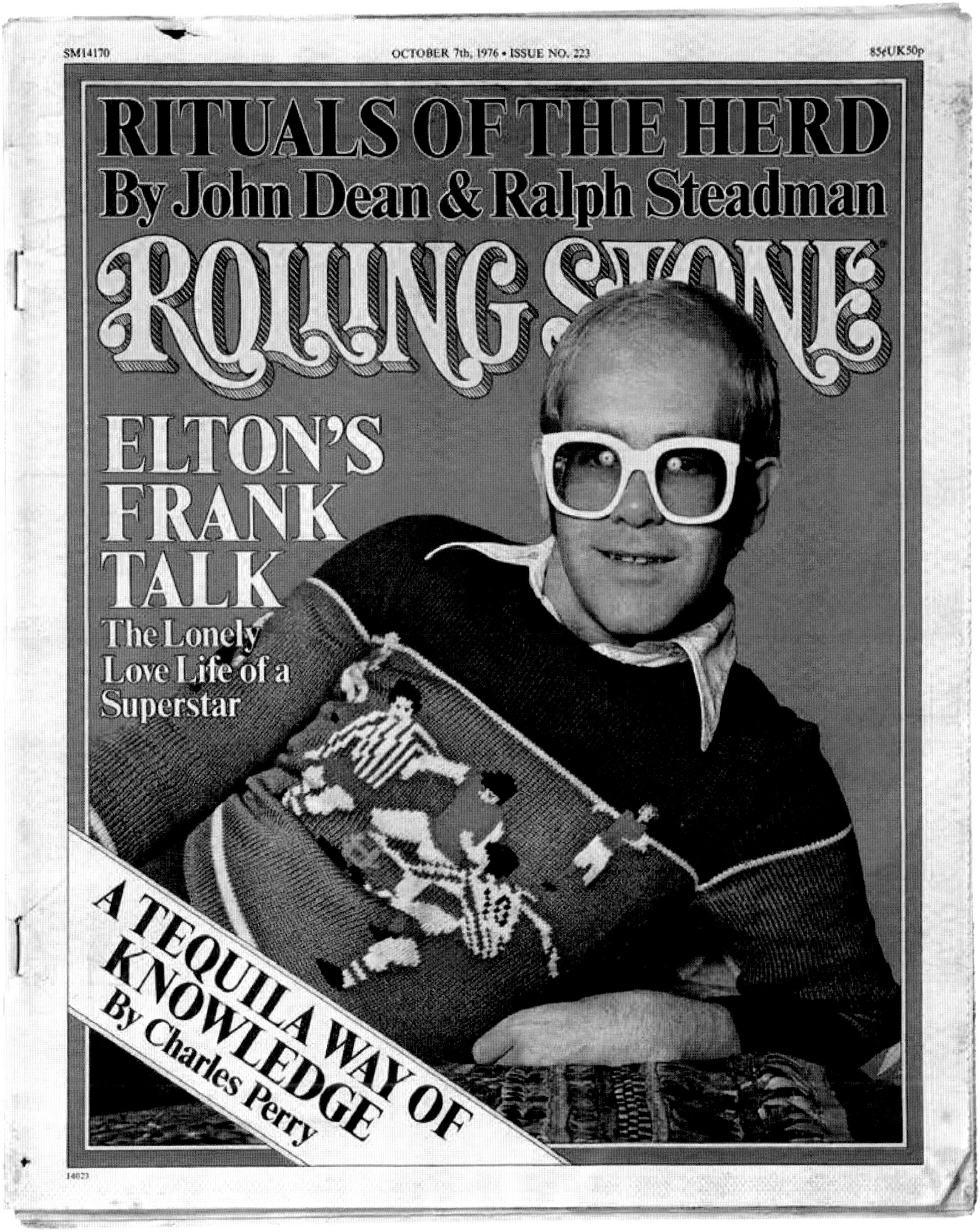
SM14170
OCTOBER 7th, 1976 • ISSUE NO. 223
85¢UK50p
RITUALS OF THE HERD
By John Dean & Ralph Steadman
ROLLING STONE
ELTON'S FRANK TALK
The Lonely Love Life of a Superstar
A TEQUILA WAY OF KNOWLEDGE
By Charles Perry
14023

國傳奇流行歌手強尼·馬西斯（Johnny Mathis），於一九八二年和《美國週刊》（Us Weekly）透露他是同性戀後，收到了死亡威脅，直至二〇〇六年都不再公開討論這件事。一九六〇年代知名少女歌手萊絲莉·戈爾（Lesley Gore），代表歌曲是〈男孩、男孩、男孩〉（Boys, Boys, Boys），直到二〇〇〇年代初期才公開出櫃。

一九七〇年，英國歌手達斯蒂·史普林菲爾德（Dusty Springfield）向《倫敦標準晚報》（Evening Standard）透露他是雙性戀，但三年後他後悔讓這件事成為話題，他說：「我其實也希望成為異性戀。」當時是個恐同的時代，美國知名鋼琴家列博拉斯（Liberace）直到一九八四年仍否認同性戀身分，約三十年前他曾將英國《每日鏡報》（Daily Mirror）告上法院，因為《每日鏡報》影射他是同性戀，而當時他的前男友史考特·索爾森（Scott Thorson）正因贍養費向列博拉斯提起告訴。

自一九七〇年代起，皇后合唱團（Queen）一直是全世界極成功的樂團之一。主唱弗萊迪·墨裘瑞（Freddie Mercury）毫不隱藏同性戀身分，在眾目睽睽之下過著隨「性」的生活，甚至極度高調。一九七四年，英國音樂雜誌《新音樂快遞》（New Musical Express）曾問他：「彎的感覺如何？」，他說這位記者是「狡猾的牛」，他只說他曾在青春期時有過經歷，但拒絕再說下去。雖然遺憾，但墨裘瑞成長於同性戀性行為仍屬刑事犯罪時期，未能參與到為同性戀爭取權益的運動。一九九一年，他死於愛滋病相關疾病，就在事情真正開始轉變的時候。

不管是同性戀或異性戀者，一些生活在思想較開放區域

的藝術家，都寫了同性戀題材的作品。美國奇蹟樂隊（The Miracles）一九七五年的《天使之城》（City of Angels）專輯中，有一首非常好聽的歌〈洛杉磯沒有人是異性戀〉（Ain't Nobody Straight in LA），其中一句歌詞是「同性戀是社會的一部分……言論自由才是要事。」美國搖滾樂團雷蒙斯（Ramones）一九七六年首張專輯中有一首歌〈53rd & 3rd〉，內容關於同性戀性交易。洛·史都華（Rod Stewart）一首感人歌曲〈喬治之死〉（The Killing Of Georgie Part I And II），寫他的朋友喬治遭恐同者殺害的故事，一九七六年英國版本推出〈喬治之死〉二部曲。一九七八年，英國鄉村歌手湯姆·羅賓森（Tom Robinson）的歌曲〈樂於當同性戀〉（Glad to be Gay），成為英國同志運動的聖歌。歌手兼演員傑恩·康提（Jayne County）曾參與石牆事件，曾是早期龐克樂團韋恩·康提與電椅（Wayne County & the Electric Chairs）的主唱，他們的陣容及粗俗的風格極具影響力。一九七九年康提轉型，成為第一個公開跨性別身分的搖滾歌手。

一九七〇年代中期，一種新型態音樂開始主導潮流。迪斯可音樂對黑人及同性戀顧客有特殊吸引力，其挑逗、正面、甚至帶有性暗示的歌詞創造出紅極一時的歌手葛洛莉亞·蓋洛（Gloria Gaynor），及其一九七八年的知名單曲〈我會活下去〉（I Will Survive），還有唐娜·桑瑪（Donna Summer）一系列膾炙人口的歌曲。一九七〇年代末期，法國唱片製作人將六名打扮成同性戀的男子組成村民樂團（Village People），歌曲紅遍全球，包括〈男子漢〉（Macho Man）、〈YMCA〉、〈海軍〉（In The Navy）。

迪斯可音樂的接棒人是西爾維斯特（Sylvester），一個來自舊金山的非裔美國同性戀者，其歌曲〈你讓我感覺如此真實〉（You Make Me Feel [Mighty Real]）、〈你想跳放克舞嗎？〉（Do You Wanna Funk），兩首皆為知名同性戀製作人派翠克·考利（Patrick Cowley）所作。西爾維斯特與考利皆於一九八〇年代死於愛滋相關疾病。在考利短短的三十二年人生中，他與製作人鮑比·奧蘭多（Bobby Orlando）將迪斯可音樂發展成一種新型態音樂。一九七七年唐娜·桑瑪曾為這種新音樂取名，他形容自己的歌曲〈我感覺到愛〉（I Feel Love）具備「很高的能

上圖｜達斯蒂·史普林菲爾德於一九七〇年出櫃，他向《倫敦標準晚報》說：「我知道我完全可以選擇當個男孩或當個女孩，愈來愈多人有同樣感受，我不明白為什麼我不該這樣。」

右頁｜在大眾關注之下，一九七二年喬布萊斯與唱片公司簽約，成為第一個一開始就公開出櫃的明星，眾人看好他能成為超級巨星。即使並未成真，他仍是許多人心中的偉人。馬克·阿蒙德認為他是「第一個真正的同性戀流行歌手」。布魯斯·韋恩·坎貝爾（他的本名）一九八四年死於愛滋相關疾病，年僅三十六歲。

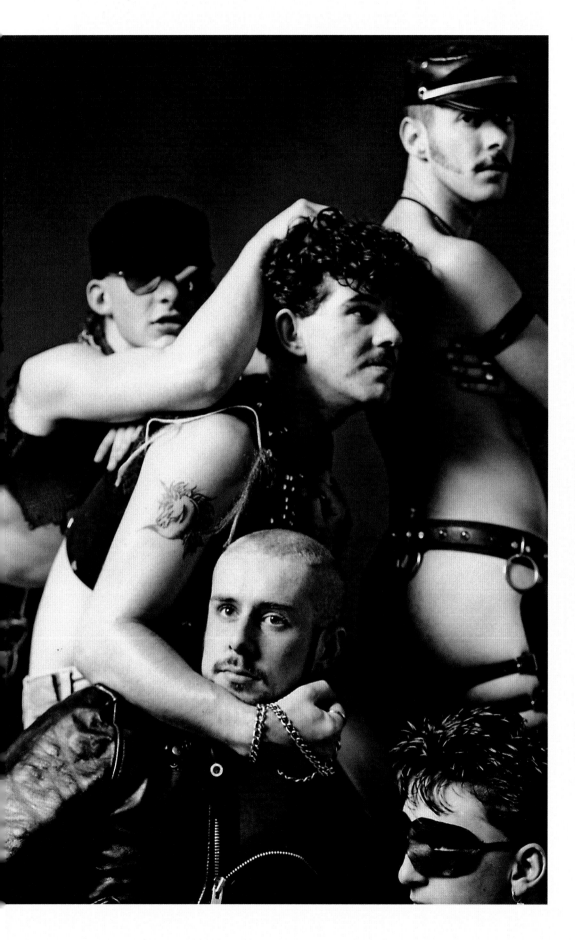

量」，「高能量電子舞曲」（Hi-NRG）就是一種節奏更快、更具爆發力的迪斯可音樂——深受同性戀聽眾喜愛。

一九八〇年代也有一大批英國同性戀藝術家，雖然當時人們對於愛滋病的恐慌才正開始，他們尚無法隨心所欲地做自己。但是作為第一批能夠抬頭挺胸公開性向的公眾人物，這些出櫃的名人成為第一批將較現代、較平易近人的同性戀心聲帶入一般大眾的家裡。

在這些明星中，歌手馬克·阿蒙德以軟細胞合唱團（Soft Cell）開啟極具象徵意義的職業生涯，以一九八一年在美國及英國大受歡迎的歌曲〈墮落的愛〉（Tainted Love），擄獲大批歌迷。二〇一七年《先驅報》（The Herald）採訪時，阿蒙德說：「一九八〇年代初期，你被簽給大牌唱片公司，他們要求你製造緋聞女友，如果不這麼做，廣播電臺就不會再播你的專輯，會被媒體冷凍。簡而言之，你的職業生涯就宣告結束。」這種情況不只發生在阿蒙德身上。他在一九八七年出櫃，一九八九年以一曲〈柔情抓住我的心〉（Something's Gotten Hold of My Heart）把凱莉·米洛（Kylie Minogue）趕下英國音樂排行榜第一名。

文化俱樂部樂團（Culture Club）與其中「性別偏移」[23]的超級巨星喬治男孩，在一九八二年末成為全世界最受歡迎的樂團，當時同性戀身分仍未曝光，公眾自然不會知道喬治男孩是同性戀。一九八五年，接受美國記者芭芭拉·華特絲（Barbara Walters）採訪時，喬治男孩公開承認他是雙性戀，在此之前的某次採訪中，他曾說比起性他更喜歡茶。於是

23 | 性別偏移有時是一種社會行動主義形式，主要發生於性別認同不一致者感受到性別角色壓迫時，企圖破壞性別既定形象而以行動改變外在。

又是一次因出櫃引發風波的事件，文化俱樂部的銷量大跌，隔年樂團解散。但毫無疑問地，喬治男孩仍是全世界最坦率、最受喜愛、最直言不諱的同性戀指標人物。

一九八三年，法蘭基到好萊塢（Frankie Goes to Hollywood）以一首極具挑逗性的禁歌〈放輕鬆〉（Relax）挑戰底線，而他們迷人的主唱霍利‧強森（Holly Johnson）毫無疑問地也是一名同性戀。

一九八〇年代廣受歡迎的流行音樂雙人團體「轟！」（Wham!），主流音樂中的一流樂團。普遍推測歌手喬治‧麥可（George Michael）是同性戀，他自一九八七年起就成為全世界最大牌的超級巨星，一九九八年因為一起公廁猥褻事件於洛杉磯被捕後坦然出櫃，之後喬治都非常大方地談論自己的性向。

一九八四年可能是所有英國同性戀流行音樂團體最政治的一年。由歌手吉米‧桑莫維爾（Jimmy Somerville）、鍵盤手史蒂夫‧布朗斯基（Steve Bronski）及賴瑞‧史戴恩巴黑（Larry Steinbachek）組成的布朗斯基節拍樂團（Bronski Beat），他們的主要目的就是成為公開、坦蕩、具政治影響力的同性戀。第一張專輯《同意年齡》（Age of Consent）中，第一首歌〈為什麼？〉（Why?）就是厭惡恐同症的吶喊。他們的經典歌曲〈小鎮男孩〉（Small Town Boy）描述十年來身為男同性戀者的相同遭遇。一九八五年，桑莫維爾與理查‧柯爾斯（Richard Coles）組成新團體公社樂團（The Communards），暢銷歌曲包括〈永不說再見〉（Never Can Say Goodbye）、〈別這樣丟下我〉（Don't Leave Me This Way）、〈愛情不是男孩遇上女孩那麼簡單〉（There's More to Love Than Boy Meets Girl），或許最動人的歌是從來沒有被收錄、關於愛滋病的歌曲〈給一位朋友〉（For a Friend）。

一九八六年，由形象亮麗的主唱安迪‧貝爾（Andy Bell）及音樂家文森‧克拉克（Vince Clarke）組成的滅跡合唱團（Erasure），連續攻占八年熱門單曲排行榜，包括〈愚人船〉（Ship of Fools）、〈有時候〉（Sometimes）以及深受同性戀喜愛的〈一點點尊重〉（A Little Respect）。

同一年，英國電子音樂雙人組寵物店男孩（Pet Shop Boys）開啟很長一段充滿藝術感的流行音樂時期，自一九八六年至一九八八年持續蟬聯排行榜，一直到一九九〇年代末期。寵物店男孩有極高的藝術抱負，他們以電子合成音樂唱出一九八〇年代在英國成長的同性戀經歷，歌曲包括〈租金〉（Rent）、〈自行其是〉（Left to My Own Devices）、〈這是罪〉（It's a Sin）。他們與同性戀的關係相當複雜，二〇一六年主唱尼爾‧

田納特（Neil Tennant）說他們討厭「同性戀標籤」，但加入了第二十八號條款的抗議活動，也曾與酷兒藝術家德瑞克‧賈曼合作。一九九四年，尼爾‧田納特在《態度》採訪中出櫃，或許促成他們最明目張膽的同性戀主題專輯《極緻》（Very）。

一九九〇年代恐同症仍非常盛行，但開始出現轉機。當時最受歡迎的巨星瑪丹娜將同性戀文化帶進每個人的家裡，巡迴演出時他安排男舞者共舞，在紀錄片《真實與挑戰——與瑪丹娜共枕》（Truth or Dare）中也拍到親吻的畫面，他的音樂錄影帶中曾出現法式熱吻的女性，並在一九九二年出版的《性》（Sex）一書中提到女同性戀及男同性戀的性愛橋段，在採訪中更不避諱談論恐同症話題。一九九二年加拿大歌手凱蒂蓮（KD Lang）出櫃，同年美國搖滾歌手梅麗莎‧埃瑟里奇（Melissa Etheridge）推出《是的，我是》（Yes, I Am）專輯時出櫃。知名美國創作歌手珍妮斯‧艾恩（Janis Ian），一九七五年推出的專輯曾是全美銷量第一，一九九三年時公開承認女同性戀身分。一九九八年有五千萬唱片銷量的重金屬搖滾樂團猶太祭司（Judas Priest）主唱羅伯‧哈爾福特（Rob Halford）在美國雜誌《倡導》一次感人的採訪中承認同性戀身分，之後他說：「顯然今天對我來說是美好的一天。」同年，以色列跨性別歌手達娜‧國際（Dana International）憑藉〈蒂娃〉（Diva）一曲贏得歐洲歌唱大賽冠軍。隔年，八卦報紙爆出男子組合男孩特區（Boyzone）歌手史蒂芬‧蓋特利（Stephen Gately）是同性戀，進而破除了年輕女孩不會買同性戀流行歌手專輯的迷思。

左頁｜法蘭基到好萊塢敞開心扉為《GQ》雜誌拍攝風格大膽的照片，攝於一九八二年。
上圖｜兩名最先出櫃的女性歌手，凱蒂蓮在LIFEbeat公益演唱會中親了梅麗莎‧埃瑟里奇，LIFEbeat是一個希望以音樂解決性與性健康問題的慈善團體。攝於紐約，一九九四年。

賈克・希爾斯

歌手、詞曲作家
剪刀姊妹的主唱。

我六年級的時候音樂似乎被香草冰（Vanilla Ice）、MC漢默（MC Hammer）、長髮金屬搖滾樂團大人物樂團（Mr Big）及極限樂團（Extreme）占據。接著，數月之中忽然聽到B52樂團的《宇宙之物》（Cosmic Thing）專輯及歡娛合唱團（Deee-Lite）的《世界幫》（World Clique）專輯，我為他們瘋狂。我對他們一無所知，但買了〈歡樂在我心〉（Groove Is In The Heart）及〈愛的小屋〉（Love Shack）單曲，卡帶都被我聽壞了。看到〈歡樂在我心〉音樂錄影帶，主唱琪兒夫人小姐（Lady Miss Kier）穿著假毛皮外套時，我為之震懾。我覺得看到了自己一直在等待的東西，我非常著迷於他們的一舉一動。他們不是明確的酷兒，但文化角度上卻非常、非常酷兒。在我看來，琪兒夫人小姐是非常酷兒的女人，就像弗雷德・施奈德（Fred Schneider）在B52樂團的存在一樣。弗雷德的聲音非常酷兒，聽起來就像同性戀者，我非常喜歡他的聲音。午餐時間我在學校跑來跑去，努力模仿我的弗雷德・施奈德。父母不在家時，我就播放歡娛合唱團的〈愛的力量〉（Power of Love），在家裡跳舞旋轉，簡直累歪了。十二歲是我第一次接觸到主流酷兒音樂。

鮑伊在我心裡也是非常重要的人。我八歲就開始聽他的音樂，在電影《魔王迷宮》（Labyrinth）中看到鮑伊時，我問媽媽可不可以買一張他的專輯，我拿到《來跳舞吧》（Let's Dance）的卡帶，接著是《可怕的怪物》（Scary Monsters）及《臨時房客》（Lodger）。它們很可怕，讓我彷彿到了另一個地方，〈可怕的怪物〉的歌詞講述所有同性戀都被抓起來，我知道這只是一個故事，一個種族滅絕的故事。我在圖書館裡找到一本簡歷，其中提到他在高中時曾和一個男生睡了。《臨時房客》中有一首歌《男孩繼續搖擺吧》（Boys Keep Swinging）——這是一首同性戀的歌，歌詞講著其他男孩正在注視著你，一種性感、親密的氛圍瀰漫在歌曲裡。這些歌曲塑造了我在音樂裡的企求，當時我並不知道自己是同性戀，那時只有八歲，我知道我深陷其中，它們完全塑造了我的認知以及我追求的事物。他們都創造了自己的世界、自己的詞彙、自己的美學。組成剪刀姊妹（Scissor Sisters）時，我非常重視這些要素。從我們簽下第一張唱片合約，我就在腦中想像一場黑暗旅程，就像到了嘉年華。我們作為一個樂團，我們的音樂將帶人們踏上這趟旅程，我們會如何建構一種真正關乎某件事的哲學及氛圍。這對我來說真的很重要。

多年後，我差一點就能見到他了，差一點。他來看了我們的演出，但那場碰巧是不盡理想的一場演出，有時候就是這樣，所以他在那晚出現讓我十分沮喪。他在安可曲時離開，名人有時候會選在這個時候離開，就可以避開人群。數週後他寫了一封電子郵件給我，說他非常喜歡那場演出，我卻覺得我完全是個失敗者，有點不相信他，又或者只是我的不安全感。我希望我可以更輕鬆以待，但他是一個藝術家，我從年幼時他就是很重要的存在。即使到了今日，那三張專輯仍是我最喜歡的專輯，他來看我的表演這件事就像美夢成真。

右頁｜剪刀姊妹樂團成員賈克・希爾斯（Jake Shears），攝於二〇一八年。

第一場倫敦遊行

一九六七年，同性戀性行為部分除罪化後幾年，倫敦充滿無限可能。美國社運者受除罪化鼓舞，也回頭增長了英國社運的氣勢。儘管法律改變了，政府強勢設下新的法律限制，有些人的生活反而更壓抑了。《衛報》（*Guardian*）刊了一篇文章，社運者彼得‧塔切爾（Peter Tatchell）寫道：「警察在公園和廁所監視，有時候用『漂亮的警察』作為誘餌，誘惑男同性戀者犯下罪行。同志三溫暖也遭到突擊，有些同志酒吧允許同性者在貼身熱舞，被指控為『非法場所』。」後來他說，一九六六年有四百二十名男性被指控嚴重猥褻罪，一九七四年則飆升到一千七百一十一人。

而今，已無法阻擋英國朝向解放男女同性戀者的步伐。一九七〇年，同性戀解放陣線在倫敦政治經濟學院（London School of Economics）組織起來，並在同年十一月舉辦第一次英國同性戀權益集會，一百五十名社運者齊聚北倫敦的海布里球場（Highbury Fields），沒有發生可怕的逮捕事件。一九七一年，同性戀解放陣線發起行動，擾亂全國光明節（Nationwide Festival of Light）：一個基督徒運動，由瑪莉‧懷特豪斯（Mary Whitehouse）及歌手克里夫‧理查（Cliff Richard）發起，抗議改變原有價值觀。抗議者吹起口哨，舉起標語，一度熄燈。推動一九六七年法侶改革的同性戀法律改革協會（Homosexual Law Reform Society）其中一個分支也參與了同性戀平等運動，與同性戀解放陣線一併成為英國首批重要的同性戀權益組織。

一九七二年七月一日——接近石牆事件週年紀念的星期六，倫敦舉行了英國第一場驕傲遊行，約七百人從特拉法加廣場（Trafalgar Square）走到海德公園（Hyde Park），最後在公園野餐作為結束。警察嚴陣以待，使得遊行群眾受到困惑目光的關注，有唾罵的聲音，但也有旁觀群眾表示支持。

這場遊行象徵一種試驗性的新樂觀主義，也解放了LGBTQ族群的生活。同年，英國第一個同性戀報社《同志週報》成立；一九七三年，同性戀互助電話破冰者（Icebreakers）開始服務；一九七四年，里茲（Leeds）舉辦了第一場易裝者暨變性者全國會議。這些事件預示即將誕生的新一代LGBTQ友善場所，英國的同性戀場所發展可回溯至十六世紀，一八〇〇年至一九四〇年代則有茉莉屋，[24] 當時某些酒吧與俱樂部被認為是特定紳士才會光顧的店。直到一九六〇年代，有更多類似場所開始營業，大多在倫敦，例如康登（Camden）的黑帽酒吧（Black Cap）及伊斯林頓（Islington）的愛德華六世國王酒吧（King Edward VI）。一九六七年後數量遽增。

> 這場遊行象徵一種試驗性的新樂觀主義，也解放了LGBTQ族群的生活

24 | Molly house，位位於倫敦，男性可以自由地穿著女裝出入，是早期的同志安全場所。

左圖 | 北倫敦海布里球場的一塊牌匾，紀念一九七〇年第一場同性戀權益示威遊行，這場非正式的遊行受到辱罵，也獲得大眾掌聲。

右頁 | 石牆事件發生後，直接在紐約成立了同性戀解放陣線。英國第一場集會就在一九七〇年十月十三號於倫敦政經學院舉行。這張寫於一九七一年二月二十日的英國傳單列出了這些團體的訴求。

下頁 | 同性戀要反抗！第一場英國正式驕傲遊行少數的照片之一，攝於一九七四年六月。

20/2/71

THE
GAY
LIBERATION
FRONT
DEMANDS:

*that all discrimination against gay people, male and female,
by the law, by employers, and by society at large, should end,

*that all people who feel attracted to a member of their own
sex should know that such feelings are good and natural,

*that sex-education in schools stop being exclusively hetero-
sexual,

*that psychiatrists stop treating homosexuality as though it
were a problem or a sickness, and thereby giving gay people
senseless guilt-complexes,

*that gay people be as legally free to contact other gay
people, through newspaper ads, on the streets, and by any other
means they want, as are heterosexuals, and that police
harassment should cease right now,

*that employers should no longer be allowed to discriminate
against anyone on account of their sexual preferences,

*that the age of consent for gay men be reduced to the same age
as for heterosexuals,

*that gay people be free to hold hands and kiss in public,
as are heterosexuals.

ALL POWER TO
OPPRESSED PEOPLE !

年表：一九七〇年代的關鍵進展

━━ 一九七〇

━━ 第一場紐約克里斯多福街解放日遊行。

一九七一

━━ LGBTQ權益團體五個團體（Society Five）於澳洲墨爾本成立。

━━ 一九七二

━━ 挪威同性性行為除罪化。

━━ 瑞典允許人民合法改變性別。

━━ 夏威夷廢除雞姦法。

南澳洲引進「同意年齡成人私下行為」抗辯。

━━ 密西根的東蘭辛（East Lansing）、安娜堡（Ann Arbor）與加州的舊金山通過同性戀法案。

━━ 基督教貴格會的友誼委員會發布「伊薩卡聲明」（Ithaca Statement）支持雙性戀者。

━━ 一九七三

━━ 歐洲馬爾他共和國同性戀除罪化。

━━ 西德將同性戀者合意年齡降為十八歲（異性戀者為十四歲）。

澳洲及美國將同性戀於疾病清單中撤銷。

━━ 一九七四

━━ 布朗斯維克（Brunswick）四名女同性戀者於加拿大遭捕，激起LGBTQ團體發起行動。

━━ 一九七五

━━ 挪威同性戀除罪化。

美國基督教事業組織成立，旨在反對「同性戀議程」，成為第一個美國政治性基督教組織。

━━ 加州及南澳洲同性戀合法化。

━━ 墨爾本發起澳洲第一場全國同性戀大會。

━━ 一九七六

━━ 澳洲組成同性戀法律改革聯盟（Homosexual Law Reform Coalition）。

━━ 澳洲首都特區將成人同性戀除罪化。

━━ 一九七七

━━ 克羅埃西亞、蒙特內哥羅（Montenegro）、斯洛維尼亞、佛伊弗狄納（Vojvodina，賽爾維亞自治省）同性性行為除罪化。

━━ 哈維‧米爾克當選舊金山監督委員會委員。

━━ 一九七八

━━ 美國藝術家吉爾伯特‧貝克（Gilbert Baker）設計彩虹旗為LGBTQ驕傲遊行的象徵物。

━━ 跨國組織國際同性戀聯合會（Transnational International Lesbian and Gay Association）成立。

一九七九

━━ 為爭取男女同性戀權益於華盛頓舉行第一場全國遊行。

━━ 瑞典男女同性戀、雙性戀、跨性別者權益聯合會的成員「打電話給患同性戀病者」，一起抗議同性戀被列為疾病，使瑞典國家衛生福利局將同性戀從疾病清單中撤銷。

上圖｜彩虹旗是同性戀、驕傲遊行、LGBTQ行動的象徵。由哈維‧米爾克的朋友吉爾伯特‧貝克發想，用以作為和平象徵，也是屬於「人類的旗幟」，部分靈感源自同性戀社運者艾倫‧金斯堡（Allen Ginsberg）。彩虹旗首次亮相是在一九七八年舊金山同性戀自由日遊行。顏色展現了族群多樣性，根據貝克的說法，各種顏色都有特殊意涵。粉紅代表性；紅色代表生命；橘色代表治癒；黃色代表陽光；綠色代表自然；藍綠色代表神奇、藝術；深藍色代表平靜；紫色代表靈魂。圖中是貝克原創彩虹旗的首批限量版，右下角有他的簽名。

你 必 須 給 他 們 希 望

哈維・米爾克：卡斯楚街市長

一九六〇年代有數千名同性戀移居至舊金山，其中一人就是哈維・米爾克。他出生於一九三〇年的紐約郊區，雙親是立陶宛猶太人，他的一生和成就都將永遠與舊金山及其同性戀自由的象徵交織在一起。

直到一九六九年，石牆事件爆發的那一年，米爾克才與擔任音樂劇《毛髮》（Hair）舞臺經理的男友一起來到這個城市。兩年後，他與新男友重新回到這個城市，他們在同性戀主要出沒的地區卡斯楚街（Castro Street）開了一間相機店。

米爾克對尼克森總統（他年輕時曾是共和黨員）及地方政治對小型店家的欺壓感到失望，以及認為同性戀社群過於保守，促使他參選該城市監督委員會的席位。他曾說：「我終於意識到，要不就是勇於承擔，要不就安靜閉嘴。」

一九七三年，他首度參選，三十二名參選者中票數排名第十，沒有當選卻建立起同性戀族群的良好關係，他們開始稱米爾克為「卡斯楚街的市長」。一九七五年再次參選，又再次落選，這次排名第七。他引起新任市長喬治・莫斯科尼（George Moscone）的關注，給他第一個在上訴委員會短暫的政治工作機

會。一九七七年十一月八日他第三次參選，終於當選監督委員會委員，成為加州史上第一個公開出櫃的同性戀官員，也是美國首位非在職同性戀者通過民選擔任公職。

米爾克短短的在職期間發揮極大影響力。他親切又高調的態度象徵一種新的處事方法，為同志權益及其他少數群體發起明確且直接的倡議運動，同時保護舊金山的居民免於受到大企業擴張帶來的影響。他一次又一次地呼籲民眾站出來，與更廣大的族群建立有影響力的聯盟。最受人注目的一次運動是反對反同社運者兼前歌手安妮塔・布萊恩（Anita Bryant）及建議解雇所有同性戀教師的布里格斯倡議（Briggs Initiative）。布里格斯倡議並沒有

通過，雖然布萊恩仍獲得一些支持，但媒體關注之下米爾克得以將同志權益訊息傳遞給大眾及收看電視的觀眾。

　　米爾克當然樹立了敵人。米爾克阻止了另一個委員，三十二歲曾擔任警察的丹·懷特（Dan White）提案，懷特意欲阻擋心理健康機構設置於當地，之後懷特拒絕再與米爾克往來，一九七八年米爾克提出同性戀權益法案時，懷特也是唯一一個投下反對票的委員。同年，懷特靠著微薄的薪水苦撐，餐館經營失敗，他辭去委員一職，隨後又反悔要求市長將其復職，米爾克也

是遊說市長拒絕懷特要求的其中一人。一九七八年十一月二十七日，懷特從窗戶爬入市廳，射殺市長後走到米爾克辦公室，要他走進辦公室後向他開了四槍：米爾克試圖舉起手保護自己時一槍打中手腕，一槍打進胸膛，另兩槍打中頭部。莫斯科尼及米爾克皆當場死亡。

左頁左圖及上圖｜米爾克於他在卡斯楚街的相機店，攝於一九七七年舊金山。
左頁上圖｜一九七八年六月二十八日，米爾克寫給美國總統吉米·卡特（Jimmy Carter）的信，呼籲他反對加州第六號法案，也就是知名的布里格斯倡議案。

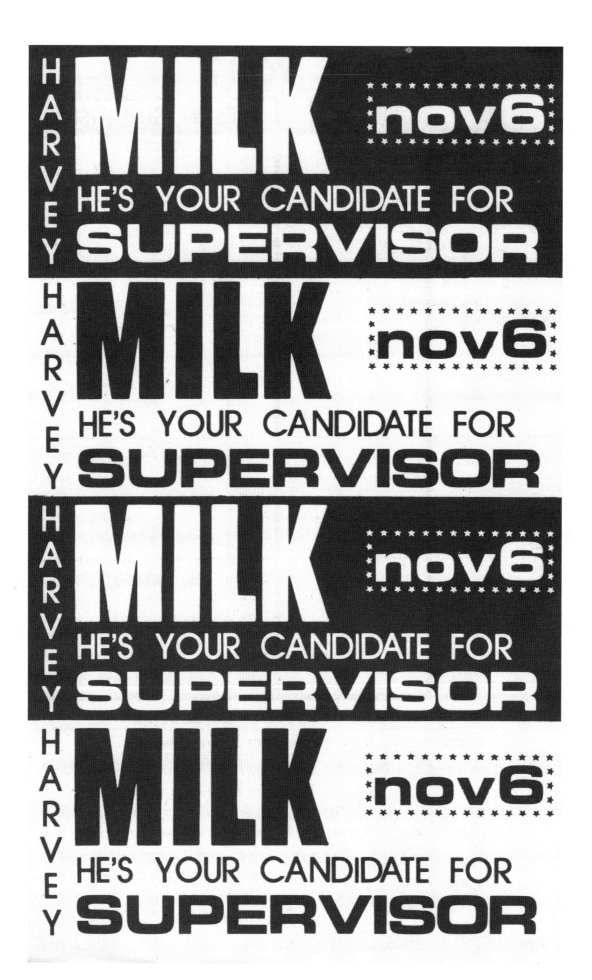

「我知道你不能單靠希望而活，但沒有希望，生命不值一提。
而你……必須給他們希望。」

哈維・米爾克

一九七九年五月二十一日，基於吃太多垃圾食品導致抑鬱而精神失常的理由，丹・懷特被判非預謀故意殺人罪，而非一級謀殺罪，舊金山陷入暴亂，稱為「一九七九年舊金山騷亂」。[25]懷特入獄服刑五年，出獄兩年後自殺身亡。

哈維・米爾克死時年僅四十八歲，他身後留下的影響卻無限大。舊金山有一個廣場，寫著他名字的彩虹旗就在那飄揚，紐約也有一個以他為名的LGBTQ青年學校。還有許多以米爾克為主題的藝術創作，包括一齣歌劇、一九八四年的紀錄片《哈維・米爾克的時代》（The Times of Harvey Milk），以及二〇〇八年電影《自由大道》（Milk），由葛斯・范・桑（Gus Van Sant）執導，西恩・潘（Sean Penn）主演，達斯汀・蘭斯・布萊克（Dustin Lance Black）編劇，這部電影贏得奧斯卡金像獎最佳原創劇本。二〇〇九年，在歐巴馬總統上任後的第一件事就是授與哈維・米爾克最高平民榮譽總統自由勳章，由哈維・米爾克的侄子，也是哈維・米爾克基金會的創辦人斯圖亞特・米爾克（Stuart Milk）代為接受勳章。

哈維・米爾克留下最大的遺產就是希望，他知道這是人們能夠出櫃的關鍵。他知道自己或許會成為暗殺目標，所以錄下一段話，他說：「如果子彈會穿破我的腦袋，就讓子彈粉碎所有衣櫃的門。」一九七八年舊金山同志驕傲遊行就在他遭到暗殺的幾個月前，當時他發表演說造成的回響，至今也一樣強大：

「在賓州阿爾圖納（Altoona）及明尼蘇達州里奇蒙（Richmond）年輕的同性戀者會走出衣櫃，在電視上看到安妮塔・布萊恩，聽到他說的話。他們唯一能期待的就是希望，而你必須給他們希望，一個美好世界的希望，一個美好明天的希望……如果你能選出更多同性戀者，就能給所有被剝削權利的人一個信號，能夠前進的信號。對已經放棄的族群來說，這意味著希望，如果一個同性戀能做到，代表大門能為所有人而開。」

左圖｜為哈維・米爾克倡議運動創作的作品。一九七七年十一月八日他終於選上監督委員，任職十一個月，直到一九七八年十一月二十七日遇害身亡。

上圖｜一九七八年十一月二十八日《舊金山紀事報》頭版報導哈維・米爾克及喬治・莫斯科尼市長遭到謀殺，兇手丹・懷特落網後的照片。

七〇年代初期與《赤裸公僕》

一九七〇年代世界變化愈來愈大。一九七三年，澳洲及紐西蘭精神科醫學院聯邦委員會（Australian and New Zealand College of Psychiatry Federal Council）及美國精神醫學學會（American Psychiatric Association）雙雙將同性戀從精神疾病清單中移除（美國很大程度是因伊芙琳·胡克〔Evelyn Hooker〕的研究及倡議而轉變）。一九七四年，女同性戀凱西·科札琴科（Kathy Kozachenko）成為美國第一個出櫃的政治人物，在密西根州安娜堡市議會當選一席。同年，美國第一個雙性戀者互助團體雙性戀論壇（The Bisexual Forum），由弗里茲·克萊恩醫師（Dr Fritz Klein）於紐約創立。一九七三年，俄亥俄州廢除雞姦法，一九七〇年代美國共有二十個州廢除此法。

一九七五年，當代最有影響力的酷兒名人引起公眾關注。丹尼斯·普拉特（Denis Pratt）出生於一九〇八年南倫敦薩頓（Sutton），在附近的薩里郡埃普索姆（Epsom, Surrey）就學。後來中斷了倫敦國王學院（King's College London）新聞學課程，轉到倫敦市中心學習藝術，開始穿著古怪的服飾及裝扮，以性工作維生，當時年僅二十多歲。接著他改名換姓，開始奎丁·克里斯普（Quentin Crisp）的人生。

奎丁頹廢的態度、染色的頭髮和上妝的面容，成為倫敦家喻戶曉的人物，經常和街友及男伴廝混，有時和那些他喜歡的壯漢結識、性交，也經常受到毆打。軍隊以「性別異常」為由禁止他入伍，二戰期間他都在倫敦，染成棕紅色的頭髮加上奇裝異服，出沒在可以找到溫暖的地方，和他最喜歡的美國大兵一起。他喜愛寫作的心始終如一，找到經紀人後他的書也開始出版。奎丁的第三本回憶錄原名為《我統治地獄》（I Reign in Hell，靈感取自詩人約翰·彌爾頓〔John Milton〕《失樂園》〔Paradise Lost〕中的名言：「我寧願統治地獄，也不願在天堂服役。」），一九六八年以《赤裸公僕》（The Naked Civil Servant）為名出版。這本書引起影集《超時空博士》（Doctor Who）製片人維莉蒂·華克（Verity Walker）的注意，改編為電視劇，一九七五年於英國與美國播出，克里斯普與飾演他的約翰·赫特（John Hurt）也頓時紅遍英美各地。

克里斯普的聲名狼藉反而為他帶來更多書籍邀約、個人秀、電影演出，餘生皆為頗負盛名的名人，大多住在紐約髒亂之地，任何想共進晚餐的邀約他都接受。他是非常典型的英國人，出了名的不愛打掃住處，他說：「過了四年灰塵也不會變得更髒。」歌手史汀（Sting）的歌〈英國人在紐約〉（An Englishman in New York）的主角就是他。他也引發很多爭議，例如一次採訪中他說愛滋病是「一種時尚」，社運者彼得·塔切爾說克里斯普告訴他，他不相信同性戀者有什麼權益，他提出疑問：「你想從什麼解放出來？有什麼值得驕傲的？」

雖說如此，當時很多LGBTQ人士，包括喬治男孩，都曾說在一個極度缺乏同性戀代表人物的世界裡，奎丁·克里斯普對他們來說意義重大，有些人被學校霸凌者戲稱為「奎丁」。不可否認奎丁·克里斯普確實是二十世紀首批知名的同性戀者，也是最大膽、古怪的人物，當然也因為他經常引發爭議。一九九九年十一月二十一日奎丁逝世於英格蘭曼徹斯特（Manchester, England），當時正準備開始他鄙視的家鄉之旅，後來他的骨灰被運回紐約。

上圖 | 在拍攝《赤裸公僕》期間，奎丁·克里斯普與飾演他的演員約翰·赫特合影，一九七五年該影集於英國及美國播出。

右頁 | 一九四八年，四十歲的奎丁·克里斯普。多年後他說他從來沒有打掃過家裡，他說：「根本不需要做任何家事，四年後灰塵也不會變得更髒。」

文 化 ： 夜 生 活

一九七〇年代末期，兩名非裔美國同性戀者改變了全世界同志俱樂部及舞曲的進程。

一九七七年，DJ賴瑞·萊文（Larry Levan）長駐於只有受邀者才能進入的俱樂部「天堂車庫」（Paradise Garage），這間俱樂部在紐約哈德遜廣場（Hudson Square）一個停車場上的倉庫裡，當時芝加哥DJ法蘭基·奈克魯斯（Frankie Knuckles）也駐點在新的場所：位於傑佛森街（Jefferson Street），原本是一間工廠，改成俱樂部後取名為「倉庫」（Warehouse）。這兩間在各自的城市中都是最有名的俱樂部，而車庫音樂（garage）及浩室音樂（house）兩種音樂類型，就是起源於這兩位DJ界的超級巨星。兩間俱樂部的客群主要是黑人及拉丁裔的男同性戀者，也塑造出往後三十年夜店的雛形。

一九六〇年代末期的英國見證了同志酒吧數量遽增的過程，包括阿波羅酒吧（Apollo）、倫敦學徒酒吧（The London Apprentice）、普魯西亞公主酒吧（The Princess of Prussia）、國王頭酒吧（Kings Head）、粉紅大象酒吧（Pink Elephant）及攝政俱樂部（The Regency Club）。「Le Deuce」是一個非正式的同志之夜，前衛的青年們會聚在一起跳舞。倫敦的同志之夜

「Bang!」——之後改名為「G-A-Y」，始於一九七六年，在倫敦查令十字路口（Charing Cross Road）艾斯托里亞劇院（Astoria Theatre）的桑當納酒吧（Sundowner）舉辦，多虧有一千人參與這場盛事，產生了族群的凝聚感。

位於巴黎第九區的皇宮俱樂部（Le Palace），原本是一間劇院，後來改為俱樂部，吸引了各種性別、階級、膚色，前衛又光鮮的客人到來。一九七八年三月，美國歌手葛蕾絲·瓊斯（Grace Jones）開始在這裡演出後，除了走在流行尖端的人群，吸引名人及懂享樂、喜愛派對的同性戀者在此敲響香檳杯、互相傳遞飛吻，與倫敦天堂酒吧（Heaven）、紐約54俱樂部（Studio 54）聯手，同性戀第一次成為人人嚮往能成為其中一分子的族群。

上圖 | 位於倫敦查令十字路口的天堂酒吧自一九七九年開幕起，就是相當受歡迎的LGBTQ族群出沒據點，舞池裡總是滿滿的人，攝於一九九二年十月。
右頁 | 人們正在法國巴黎的皇宮俱樂部跳舞。法布里斯·艾邁爾（Fabrice Emaer）於一九七八年創立這間俱樂部，以地下文化堡壘及前衛時尚而聞名。

一九七〇年代末期，一間改變常規的俱樂部於倫敦開幕，極具代表性的名稱馬上紅遍全世界，成為自由、夜夜笙歌、絕佳迪斯可的象徵。英國同性戀企業家傑瑞米·諾曼（Jeremy Norman）大多時間都待在美國，希望在倫敦打造一間奢華、頹靡的夜店。一九七八年，諾曼打造一間時尚的「大使館」（Embassy）——就像倫敦版本的54俱樂部，一九七九年十二月，查令十字路口車站旁的拱門下，他開了一間歐洲最大的同志俱樂部：天堂酒吧。

天堂酒吧一時轟動，聚集了當時最大牌的DJ，例如東尼·德·維特（Tony De Vit）及倉庫酒吧的法蘭基·奈克魯斯，還有高能量電子舞曲製作人伊恩·萊文（Ian Levine）。短短十年間，美國及英國的同志酒吧就從非法場所變成最前衛的熱點。DJ魯克·霍華德（Luke Howard）在《信念迷雜誌》（Faith Fanzine）文章中評論的一樣，《倫敦標準晚報》這樣評論天堂酒吧的開幕之夜：「天堂酒吧最頭痛的事，可能是阻止非同性戀者假扮同性戀，試圖通過迪斯優雅保鑣守著的門禁，那就像迪斯可的天國

之門。」一九八二年，天堂酒吧由維珍集團董事長理查·布蘭森（Richard Branson）買下，意外成為一九八〇年代的文化薈萃之地，經常舉辦各種派對而聞名。

同性戀場所舉辦的派對通常是受到壓抑的人才能享受其中，紐約性愛俱樂部Mineshaft及The Anvil非常受歡迎。而毒品也是許多同志酒吧的要素，先是古柯鹼，再是搖頭丸，接著安非他命及K他命也成為主宰俱樂部體驗的重點。例如紐約聲音工廠酒吧（Sound Factory），一九八九年開幕時與DJ朱尼爾·瓦茲奎斯（Junior Vasquez）合作，一九九〇年中期則是維羅（Twilo）。一九九〇年勞倫斯·馬里斯（Laurence Malice）的倫敦通宵酒吧Trade也有爆炸性成長，創造出毒品派對的新潮流，這種風潮彷彿永遠不會結束——但真的結束了，二〇〇八年該酒吧永久歇業。

上圖｜一九七九年DJ賴瑞·萊文，他在紐約天堂車庫酒吧待了十年，一九八〇年代馬丹娜及葛蕾絲·瓊斯都曾在這裡演出。
右頁｜惡名昭彰的德國夜店伯格罕（Berghain），攝於二〇〇七年。
下頁｜伯格罕更隱密、舒適的全景酒吧（Panorama Bar）傳單。

全世界LGBTQ夜生活歷史進程

The Abbey，美國西好萊塢：一九九一年開幕，咖啡廳、餐廳、酒吧，為洛杉磯LGBTQ族群的主要聚集地。

Arena Madre，西班牙巴賽隆納：西班牙同志俱樂部帝國的旗艦店，已經舉辦主題派對超過二十年。

伯格罕，德國柏林：如今全世界最核心、臭名遠播的場所，膽小的人可別去。

The Cubbyhole，美國紐約：聲名狼籍、最受喜愛的女同性戀場所，開幕於一九九四年。

Duckie，英國倫敦：創新的俱樂部表演Duckie，由艾米·拉梅（Amy Lamé）及賽門·史傳奇（Simon Strang）於一九九五年創辦，每週都會於具歷史地位的皇家沃克斯豪爾（Royal Vauxhall Tavern）酒吧舉辦。

G-A-Y，英國倫敦：G-A-Y於艾斯托里亞劇院舉辦，是非常受歡迎的活動，在倫敦及曼徹斯特都有據點。

The Imperial Hotel，澳洲雪梨：罕見且具新意的場所，所有會員均是LGBTQ族群。

Paradise Factory，英國曼徹斯特：英格蘭東北部具指標性的同志俱樂部，開幕於一九九三年，同性戀或異性戀者都可以一起在此狂歡。

Popstarz，英國倫敦：DJ賽門·赫巴特（Simon Hobart）以這個活動改變了倫敦同性戀的慣性，他們豪飲、調情，而非跳舞及吸毒。

Le Queen，法國巴黎：世界級巨星DJ大衛·庫塔（David Guetta）就是在此發跡，一九九二年至一九九五年在這間傳奇俱樂部擔任音樂總監。

Spijker Bar，荷蘭阿姆斯特丹：阿姆斯特丹歷史最悠久的同志場所，一開始都是「皮革俱樂部」族群[26]的顧客，現在會舉辦賓果及變裝活動。

54俱樂部，美國紐約：並未嚴格定義為同志酒吧，但是這個場所瀰漫酷兒氛圍。

Woody's and Sailor，加拿大多倫多：全世界最可靠、悠久的LGBTQ場所。

從歷史進程來看，酒吧及俱樂部是LGBTQ族群唯一可以安全與朋友聚會或遇見未來伴侶的地方，但隨著網路發展，有更多像Grindr的約會及媒合軟體出現，LGBTQ開始遠離酒吧，轉向科技。租金飆漲、中產階級化，加上有時候不友善的外貌主義蔓延，許多同志酒吧與俱樂部在二〇一〇年代初期紛紛關閉。但由於人們取向快速轉變、租金壓力或地方重新發展，以往受歡迎的據點關閉後，新的據點仍持續開張，同志酒吧依舊成為俱樂部文化中引領潮流的指南針。為了生存下去，他們必須進步。

知名酒吧受到各種惡名昭彰的性醜聞事件纏身，同時也成為電子音樂發展中心，如伯格罕（Berghain）就是德國柏林同志文化復興的先驅。如The Glory及Dalston Superstore這些倫敦小型獨立場所會舉辦有趣、有表演的夜晚活動，如粉紅之夜（Sink the Pink），使這些場所重獲顧客青睞。巴黎的俱樂部之夜及各種場所的派對，例如Cocorico餐廳、Trou Aux Biches俱樂部、Menergy派對之夜等等，都蔚為風潮。新開幕的各種場所以及赤裸猛男、毒品問題也轉移了焦點，摧毀了全世界大多數的同志夜生活，必須再次強調，LGBTQ場所是安全的港灣，特別對剛發現酷兒身分的人而言。

---

26 | Leather crowd，盛行於七〇年代左右，對皮件配飾有強烈喜好的同性戀族群，多半有錢、有家庭和社會地位，因而不出櫃。

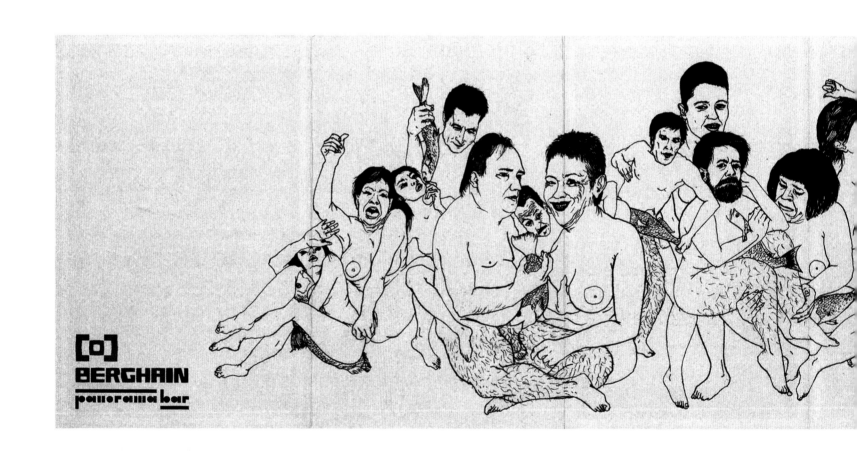

文 化 ： 戲 劇

雖然曾經有過幾個片段，例如一九二三年肖洛姆·阿施（Sholem Asch）的戲劇作品《復仇之神》（*The God of Vengeance*）中曾出現女同性戀之吻，但直到一九六〇年為止，男女同性戀的刻劃仍非常少見。英國的審查制度一直持續至一九六八年，所有作品都必須接受內廷大臣的審查及核准，在此之前有些知名的劇作家會在作品中含糊地提及同性戀，如喬·歐頓；其他劇作家則謹慎以對，如田納西·威廉斯，或者像泰倫斯·拉提根（Terence Rattigan）將同性戀角色偽裝成異性戀——一九六六年《紐約時報》一篇措辭尖銳的文章〈同性戀戲劇與其偽裝〉，質疑同性戀劇作家描述異性戀生活的能力。

而更具前瞻性思維的作品卻在主流作品中嶄露頭角。一九五八年，退休的義大利裔美國人舞者喬·西諾（Joe Cino）創立了西諾咖啡館（Caffe Cino），坐落於紐約西村（West Village），年末時開始有小型作品在此演出。此舉開創了「超外百老匯」[27]劇場模式，讓更多非商業化、實驗性作品可以被觀眾看見。知名演員羅伯特·派屈克（Robert Patrick）的首部作品《鬼纏身》（*The Haunted Host*）就是在這裡亮相，故事是一個因愛人自殺逝世而被恐懼纏身的同性戀，一九六四年首次演出，而今羅伯特·派屈克將西諾咖啡館譽為美國同性戀劇場的誕生地。

一直到一九六八年，馬特·克勞利（Mart Crowley）的《樂隊男孩》（*The Boys in the Band*）才成功地直接敘述了同性戀者的生活，登陸倫敦前已經累積超過一千場的演出。同年，自由戀愛主題的音樂劇《毛髮》中講述了同性性行為。一九七三年理查·歐布萊恩（Richard O'Brien）泛性戀科幻音樂劇《洛基恐怖秀》（*The Rocky Horror Show*）在倫敦演出，轟動國際。也是那一年，讓·普瓦雷（Jean Poiret）的喜劇作品《鳥籠》（*La Cage aux Folles*）在巴黎大獲好評，講述兩名男同性戀及他們孩子的故事，曾兩度翻拍為電影。

而真正吸引到主流劇場觀眾的作品是猶太裔紐約變裝皇后的故事，這是他們首次進入同性戀者的故事中。一九七〇年代哈維·菲爾斯坦（Harvey Fierstein）的三部曲劇本，以音樂劇《同性三分親》（*Torch Song Trilogy*）形式問世，成為第一部取得重大成就的同性戀主題劇本，一九八二年轉往百老匯演出時票房大賣，捧紅哈維·菲爾斯坦、艾絲特·蓋蒂（Estelle Getty）、馬修·鮑德瑞克（Matthew Broderick）等明星。這部劇贏得兩座美國劇場最高榮譽東尼獎，菲爾斯坦受邀參與一九八三年改編《鳥籠》音樂劇劇本寫作，該音樂劇中包括歷久不衰的經典歌曲〈我就是我〉（I Am What I Am）。

更重要的是，具影響力的作品持續從地下劇院產出，非主流團體如變裝皇后經紀公司Hot Peaches（旗下變裝皇后有貝蒂·鮑恩〔Bette Bourne〕及佩吉·蕭恩〔Peggy Shaw〕）、同性劇場聯盟（Gay Theatre Alliance）、波士頓的三角戲劇公司（Triangle Theatre Company）、英國的同性劇團Gay Sweatshop相當活躍，同時自一九七〇年代起，珍妮·錢伯斯（Jane Chambers）、阿列克西斯·德·威可斯（Alexis De Veaux）、蘇珊·米勒（Susan Miller）都成為名氣響亮的開創性劇作家。一九七六年古巴裔劇作家安娜·西蒙（Ana Simo）於紐約創立了第一個女同性戀劇團梅杜莎的復仇（Medusa's Revenge），主要關注女同性戀主題及女同劇作家，當時女同性戀主題比男同性戀戲劇更少得到關注。一九八六年，英國劇作家莎拉·丹尼爾斯（Sarah Daniels）的作品《小潮》（*Neaptide*），講述一位老師支持兩名女同性戀學生的故事，是第一部由在世女劇作家所寫的多幕劇作品，在倫敦的國家劇院（National Theatre）演出。

一九八〇年代持續發展之下，劇作家們開始提到伴隨愛滋病而來的各種損害。劇作家羅伯特·切斯利（Robert Chesley）一九八四年的作品《盜汗》（*Night Sweat*），是首部談論愛滋病的戲劇，並於紐約演出，接著是隔年威廉·霍夫曼（William Hoffman）的作品《就是這樣》（*As Is*）。社運家賴瑞·克雷姆（Larry Kramer）的重要劇作《血熱之心》（*The Normal Heart*）於一九八五年首次登臺，要求政府針對疾病危機給出更直接的回應。一九九〇年劇作家寶拉·沃格爾（Paula Vogel）的作品《巴爾的摩華爾滋》（*The Baltimore Waltz*），描述其兄弟因愛滋病逝世的故事。如提姆·米勒（Tim Miller）等表演藝術家開始展現同性戀不會被摧毀的觀點，一九八九年《天使、龐克與憤怒皇后的輓歌》（*Elegies for Angels, Punks and Raging Queens*），受到愛滋病藝術拼布作品啟發，在紐約及倫敦均有演出。一九九〇年出現有史以來最著名的「同性戀劇作」，東尼·庫許納

---

27 | 超外百老匯（Off-off Broadway）是一種實驗劇場，票價便宜，演出包括音樂劇、戲劇、舞蹈，大多是非商業性的表演，若票房好也可能移到外百老匯或百老匯演出。

（Tony Kushner）的劇作《美國天使》（Angels in America），故事講述發生於美國的二部曲，講述一個瀕死男子與其伴侶的故事，榮獲多個國際獎項，並建立起面對絕望時新的反抗態度。

一九九三年，在倫敦由強納森·哈維（Jonathan Harvey）所寫的《愈愛愈美麗》（Beautiful Thing）開闢出一片嶄新、溫暖之地，講述兩名工人階級青年平凡的愛情故事。一九九四年，凱文·艾利歐特（Kevin Elyot）的《我與雷吉的一夜》（My Night with Reg）則對自我毀滅的衝動提出詰問。

一九九五年編舞家馬修·伯恩（Matthew Bourne）以全男性舞者《天鵝湖》（Swan Lake）造成一時轟動。隔年強納森·拉

森（Jonathan Larson）的搖滾音樂劇《吉屋出租》（Rent），講述不同種族、性別的紐約客生活，成為打破常規的熱銷之作，讓全世界的觀眾為男女同性戀者、性別認同不一致者的關係喝采。十年後，講述女同性戀的二〇〇五年音樂劇《紫色姊妹花》（The Color Purple）在百老匯演出後廣受好評。

下圖｜一九七三年法國原創舞臺劇《鳥籠》，作者讓·普瓦雷，由普瓦雷飾演阿爾賓（Albin，左），米歇爾·賽侯（Michel Serrault）飾演喬治。這部作品講述兩名男同性戀者及他們的女兒，一九八六年以音樂劇形式巡迴世界演出。一九九六年該劇翻拍為電影，由羅賓·威廉斯（Robin Williams）及奈森·連恩（Nathan Lane）主演。

LGBTQ戲劇一直是表達同性戀受壓抑的憤怒的重要管道。一九八○年，馬丁・謝爾曼（Martin Sherman）的劇作《生命中不能承受之情》（Bent），描述男同性戀遭受納粹德國迫害。而一九九八年，泰倫斯・麥可奈利（Terrence McNally）作品《聖體》（Corpus Christi）講述耶穌及使徒皆為受迫害的同性戀者，登臺後引發強烈反彈。二○○○年，摩西・考夫曼（Moisés Kaufman）作品《同志死亡事件》（The Laramie Project）則圍繞在馬修・謝巴德（Matthew Shepard）謀殺案的悲痛與憤怒。理查・格林伯格（Richard Greenberg）以《帶我出去》（Take Me Out）榮獲二○○三年東尼獎最佳話劇獎，描述恐同症棒球隊的故事。二○○六年，《深擁一世情》（Holding the Man）原是澳洲演員提摩西・康尼葛佛（Timothy Conigrave）所著的自傳，由湯米・墨菲（Tommy Murphy）改編為舞臺劇，提醒世人愛滋病對個人產生的影響。二○一一年，達斯汀・蘭斯・布萊克的《第八號提案》（8）呼籲婚姻平權。印度酷兒社運家兼律師丹尼士・謝赫（Danish Sheikh）二○一八年寫下的《藐視法庭罪》（Contempt），大程度地結合LBGTQ族群的個人經歷與二○一二年法庭公聽會的真實片段，成功反轉二○○九年德里最高法院的判決，將同性戀除罪化。

我們持續運用戲劇以表達族群中的議題，二○○五年劇作《吹口哨》（Blowing Whistles）、二○○八年與艾力克斯・凱恩・坎貝爾（Alexi Kaye Campbell）合著的《驕傲》（The Pride），兩部著作都闡述了「同性戀驕傲」真正的意涵。肢體劇團DV8於二○一四年發表的作品《約翰》（John）、二○一六年派翠克・凱許（Patrick Cash）的《藥物性愛的獨白》（The Chemsex Monologues）、二○一八年彼得・達爾尼（Peter Darney）的《五個傢伙》（5 Guys Chillin'）、艾力克斯・古格里（Alexis Gregory）的《性愛／罪惡》（Sex/Crime），都揭露了同性戀的毒品危機。劇作家馬修・羅培茲（Matthew Lopez）絕妙的七小時、二部曲作品《遺產》（The Inheritance），講述幾代男同性戀者間的愛滋病傳承，二○一八年在倫敦獲得一片讚賞之聲。

LGBTQ中的有色人種，是比邊緣化更邊緣的族群，他們的生活鮮少登上焦點，但過去十年中有了突破性發展，這些故事描繪的次數比白人男同性戀者更多。美國劇作家塔瑞爾・艾爾文・麥卡尼（Tarell Alvin McCraney）以二○○七年至二○一六年劇作《兄弟姊妹》（The Brother Sister Plays）及《假髮！》（Wig Out!）一鳴驚人。瑞基・比爾德－布萊爾（Rikki Beadle-Blair）十八歲時贏得一九七九年《倫敦標準晚報》青年劇作家獎，並持

續創作出強而有力的酷兒劇作，包括二○○八年《友・舞・愛》（Fit），同時也培育出更多新世代的劇作家及表演者。我們也可以看到二○一○年柯爾曼・多明哥（Colman Domingo）的作品《男孩與他的靈魂》（A Boy and His Soul）、二○一四年比利・波特（Billy Porter）作品《雖然我還活著》（While I Yet Live）、二○一四年格里芬・馬修（Griffin Matthew）以烏干達為背景的音樂劇《隱形線》（Invisible Thread）、《搶來的糖果》（Booty Candy），都是熱門之作。二○一九年起，塔瑞爾・艾爾文・麥卡尼的劇作《美聲男孩》（Choir Boy）席捲百老匯，三年前他才以作品《月光下的藍色男孩》（Moonlight）囊括多項獎項。

導演兼劇作家托弗・坎貝爾（Topher Campbell）在英國各地創立了多個劇場，包括倫敦的楊維克劇團（Young Vic），二○○○年創立rukus!基金會支援非裔LGBTQ藝術家。

跨性別者在大型舞臺的表演機會也很少，但從早期的社運者凱特・伯恩斯坦到現代英國表演者，如泰勒・麥克（Taylor Mac）、特拉維斯・阿拉班莎（Travis Alabanza）都充分運用了獨演機會。約翰・卡梅隆・米切爾（John Cameron Mitchell）一九九八年作品《搖滾芭比》（Hedwig and The Angry Inch）對二元性別認知提出質疑，而二○一五年喬恩・布里坦（Jon Brittain）作品《鹿特丹》（Rotterdam）則帶我們踏上跨性別男性之旅。哈維・菲爾斯坦與辛蒂・露波（Cyndi Lauper）在二○一二年音樂劇《長靴妖姬》（Kinky Boots）探索反串裝扮（捧紅比利・波特為明星演員），一如菲爾斯坦在劇作《卡薩瓦倫蒂娜》（Casa Valentina）討論的議題一樣。

麗莎・克隆（Lisa Kron）改編艾莉森・貝克德爾二○一五年圖像小說《悲喜交家》、貝卡・布朗斯泰特（Bekah Brunstetter）二○一七年作品《蛋糕》（The Cake）及寶拉・沃格爾的作品《有傷風化》（Indecent）皆描述女同性戀者的故事。而一九二三年因女同性戀之吻而引發醜聞的劇作《復仇之神》（如前所述），也在百老匯上演。

右頁｜傑森・艾薩克（Jason Isaacs）於一九九三年倫敦國家劇院出演《千禧年降臨》（Millennium Approaches），這是東尼・庫許納所著知名劇作《美國天使》二部曲中的第一部（南西・肯恩〔Nancy Crane〕飾演天使）。

左上圖｜伊恩·麥克連（Ian McKellen，左）與麥克·卡什曼（Michael Cashman，右）為國家劇院拍攝宣傳照，宣傳馬丁·謝爾曼的劇作《生命中不能承受之情》，攝於一九八九年。

右上圖｜馬丁·辛（Martin Sheen）在賴瑞·克雷姆劇作《血熱之心》中飾演尼德·維克斯（Ned Weeks），攝於倫敦皇家宮廷劇院（Royal Court Theatre）。

左圖｜一九九六年原創百老匯作品強納森·拉森的搖滾音樂劇《吉屋出租》，角色包括男女同性戀者、雙性戀及跨性別者。

右頁左上圖｜一九八九年諾爾·格雷（Noel Greig）作品《天堂不遠》（Paradise Now），出自Gay Sweatshop公司，他們是一九八〇年代廣為人所知的同性戀團體之一。

右頁右上圖｜克雷格·史坦（Craig Stein）於塔瑞爾·艾爾文·麥卡尼作品《假髮！》中演出。二〇一六年，麥卡尼與巴瑞·賈金斯（Barry Jenkins）合作的《月光下的藍色男孩》贏得奧斯卡最佳改編劇本獎。《月光下的藍色男孩》是首部全部採用非裔演員的電影，也是第一部贏得奧斯卡最佳影片的LGBTQ電影。

右頁下圖｜舞者強納森·奧利弗（Jonathan Ollivier）出演馬修·伯恩的全男性芭蕾舞劇《天鵝湖》，攝於二〇一三年倫敦，沙德勒之井劇院（Sadler's Wells Theatre）。

疾 病

一九六八年，石牆事件隔年，在美國明尼蘇達州名叫羅伯・瑞福德（Robert Rayford）的十五歲男童自行前往醫院就醫
他病得很重：虛弱、消瘦、沉默寡言。

醫生認為他是同性戀或雙性戀者。一九六九年五月十五日，瑞福德死於肺炎。醫生們都非常疑惑，在瑞福德的屍檢報告中他們發現一種罕見的癌症類型，所以保留了他的血液及組織。往後二十年沒有人再研究過他的案例。

海洋另一端的挪威，也是一九六八年，二十一歲的卡車司機阿爾納・羅德（Arne Røed）就診，主訴是肺部感染及淋巴結腫大。八年後，一九七六年一月他的八歲女兒過世。三個月後羅德也過世了，年僅二十九歲，而他的妻子也在同年十二月過世。他們的死讓人困惑，但直到多年後才有人發覺事情並不單純。

接著，下一個十年來到，這種將主宰且摧毀這個世代男同性戀者生命的疾病被發現了。一九八一年六月五日，美國疾病管制與預防中心（US Centre for Disease Control and Prevention，簡稱CDC）呈報洛杉磯有五名男性罹患罕見肺部疾病，名叫肺囊蟲肺炎（Pneumocystis carinii pneumonia，簡稱PCP），其中兩名已死亡。報告中還有更多案例發生於舊金山及美國各地，來自紐約的醫生呈報一組男同性戀案例，他們罹患一種鮮少發生於年長男性的疾病，稱為卡波西氏肉瘤（Kaposi's sarcoma）。

數週後，一九八一年七月三日，《紐約時報》刊登一篇報導，標題是「四十一名同性戀罹患罕見癌症」，報導指出過去三十個月間，這種案例多發生於二十六至五十一歲男性，平均年齡三十九歲，四十一人中有八人死亡。讓人驚慌的報導不僅限於美國，十二月時倫敦的《Time Out》雜誌也報導一名男性死於肺囊蟲肺炎，而美國也發現注射毒品者同樣感染這種疾病。科學家們非常不解，但至一九八一年底，美國已有一百二十一名男同性戀者死亡，另外還有一百四十九起病例。

一九八二年一月，愈來愈多美國城市的警覺意識抬頭，這些城市都有大批同性戀居民，而以往習慣獨自處理問題的同性戀族群也開始動員。一九八一年八月，社運家賴瑞・克雷姆在他的紐約公寓裡召開會議。一九八二年一月四日，他與其他人，包括文學家艾德蒙・懷特，一起組織男同性戀者健康保健中心（Gay Men's Health Crisis），為研究提供支援與募資。在舊金山，哈維・米爾克的朋友克里夫・瓊斯（Cleve Jones）等人創辦了卡波西氏肉瘤研究與教育基金會（Kaposi's Sarcoma Research and Education Foundation），其電話諮詢服務對亟需相關資訊及建議的人而言是非常寶貴的資源。

一九八二年七月，海地有三起案例發生於接受輸血者身上，美國疾病管制與預防中心開始將此疾病定義為傳染病，稱為「4H疾病」，因為此疾病好發於這些族群：海地人（Haitians）、血友病患者（haemophiliacs）、吸食海洛因者（heroin users）——以及同性戀者（homosexuals）。

這種疾病開始在世界各地蔓延開來。烏干達官方報導，有些人死於稱為「枯瘦病」的疾病下；一九八二年五月，《紐約時報》首次使用「男同性戀免疫缺乏症」（gay-related immune deficiency，簡稱GRID）及「後天免疫缺乏疾病」（acquired

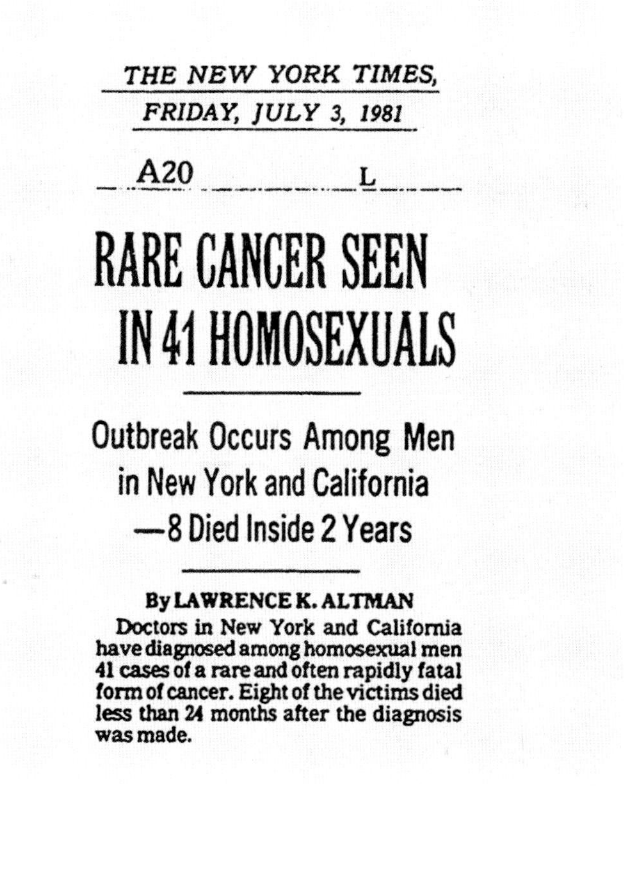

THE NEW YORK TIMES,
FRIDAY, JULY 3, 1981

A20   L

RARE CANCER SEEN IN 41 HOMOSEXUALS

Outbreak Occurs Among Men
in New York and California
—8 Died Inside 2 Years

By LAWRENCE K. ALTMAN

Doctors in New York and California have diagnosed among homosexual men 41 cases of a rare and often rapidly fatal form of cancer. Eight of the victims died less than 24 months after the diagnosis was made.

上圖｜一九八一年七月三日《紐約時報》首次報導多名男同性戀者死於「神祕癌症」的案例。
右頁｜「為我們的生命而戰」——標語突顯了公眾冷漠以及缺乏對HIV及愛滋患者的支援行動，高舉於一九八四年第十四屆紐約驕傲遊行。

None of these will give you AIDS.

There is no evidence that a person can get AIDS from handshakes, dishes, toilet seats, door knobs or from daily contact with a person who has AIDS.

For the facts about AIDS, call the Illinois State AIDS Hotline:

1-800-AID-AIDS

It's toll-free and confidential.

Reprinted by permission of AIDS Institute, N.Y.S. Health Department
Printed by Authority of State of Illinois
November 85-300M-50321

immunodeficiency disease，簡稱AID）。一個月後，倫敦一名名叫泰瑞斯・希金斯（Terrence Higgins）的年輕人，曾在美國以DJ為業，在倫敦最大的同志酒吧——天堂酒吧——擔任酒保工作時暈倒，一九八二年七月四日於醫院病逝，年僅三十七歲。他的男友魯伯特・惠特科爾（Rupert Whitaker）與友人以他為名創立信託，為同樣因病受苦的人提供援助。

隨著混亂持續蔓延，群眾偏見愈來愈深，以及並非每個人都能享受到美國醫療系統的照護，美國的同性戀族群在疾病壓迫之下變得愈發緊張。喜劇演員瓊・瑞佛斯（Joan Rivers）得知他的造型師得病後，因未能受到良好照護而死感到非常憤怒，因此成為第一個為HIV及愛滋患者發起大型募款的名人，他與歌手西爾維希特合作在西好萊塢的Studio One夜店發起活動。

有人可能會希望出現新型、致死的疾病時，媒體及政治人物可以冷靜地表達同情。如果是這樣就好了。一九八二年七月十七日，媒體大亨魯伯特・梅鐸（Rupert Murdoch）旗下報社《澳洲人報》（Australian）用「同性戀瘟疫」一詞於斗大的頭版標題上：「『同性戀瘟疫』傳染病席捲美國」。一九八二年十月十五日，華盛頓白宮記者會上雷根總統的新聞祕書賴瑞・史必克斯（Larry Speakes）戲謔地說：「我是沒有染病啦，你呢？」語畢後笑了。

歐洲開始出現愈來愈多案例，尤其在人口繁雜地區。一九八二年九月二十四日美國疾病管制與預防中心首次使用「後天免疫缺乏症候群」一詞，簡稱AIDS。

一九八三年五月倫敦，梅鐸旗下銷量最好的八卦小報《太陽報》（Sun）以頭版頭條「美國男同性戀瘟疫造成英國三人死亡」，五名英國男同性戀者與一名血友病患者確診罹患此疾病。其他刊物更指出患者被以「現代痲瘋病患者」方式對待。美國電視福音傳道者傑瑞・法威爾（Jerry Falwell）及比利・葛理翰（Billy Graham）更宣揚愛滋病是神賜予同性戀的懲罰。

反之，許多勇敢的男同性戀者敢於直接面對偏見。一九八三年八月八日，名叫鮑比・坎貝爾（Bobbi Campbell）的男性公開承認他患有愛滋病，他與伴侶波比・西利亞德（Bobby Hilliard）一起登上《新聞週刊》（Newsweek）的「美國同性戀者：性、政治與愛滋病的影響」專題封面。坎貝爾死於一年後，他的伴侶沒多久也逝世。一九八三年末，儘管美國已有超過三千零六十四起案例、一千兩百九十二人死亡，雷根總統仍從未公開說過「愛滋病」一詞。

一九八四年，英美兩國的媒體都啟動攻擊模式。如英國電視明星肯尼・艾佛利（Kenny Everett）等名人被迫出櫃，而記者喬治・葛爾（George Gale）等人則在《星期日每日鏡報》（Sunday Mirror）上宣導「同性戀宣傳禁令」，並將男同性戀者比為戀童癖。媒體近乎歇斯底里地煽動所有人心中對患病者的恐懼與厭惡，同性雜誌《Him Monthly》寫道，患有HIV病毒的患者「不只身體受到病毒感染，同時也被社會排擠、孤立」。《太陽報》似乎決意要搜羅所有針對同性戀者的極端言論，引用一名心理學家的話：「所有同性戀都該消滅，以阻止愛滋病擴散。是時候不再幫他們隱瞞身分了。」

一九八四年六月，醫學界開始爭相研究疾病成因，巴斯德研究院（Pasteur Institute）及美國國家癌症研究所（American National Cancer Institute）一起宣布他們已經辨別出愛滋病的相關病毒，並開發了血液測試。美國舊金山及紐約的同性戀三溫暖紛紛關閉，以避免疾病傳播，此舉引發爭議。一九八四年為止，美國已有七千六百九十九起愛滋病例，三千六百六十五人死亡，歐洲則有七百六十二起病例。而雷根總統仍然未置一詞。

一九八五年，全世界陷入盲目的恐慌中，愛滋病被視為男同性戀者專屬疾病，恐同颶風吞噬了患病者的性命。

美國十三歲患者瑞安・懷特（Ryan White）因為輸血而感染HIV病毒，禁止上學，成為受到同情的對象。一九八五年九月，一場記者會上雷根總統被問及研究經費時，首度鬆口說出「愛滋病」一詞。

一九八五年十月二日，美國演員洛克・哈德森（Rock Hudson）死於愛滋病相關併發症。他是備受喜愛的好萊塢巨星，他的死與同性戀身分震驚全球，根據他的遺願將遺產二十五萬美金用以創立美國愛滋病研究基金會（American Foundation for AIDS Research），後與愛滋病醫學基金會（AIDS Medical Foundation）合併，由哈德森友人、知名影星伊莉莎白・泰勒（Elizabeth Taylor）主導。泰勒全心全意地投入倡議及宣傳活動，美國民眾的捐助如洪水般湧入。

一九八六年，正式命名人類免疫缺乏病毒（human immunodeficiency virus），簡稱HIV。恐同聲浪愈來愈大。加州政治人物林登・拉羅奇（Lyndon LaRouche）試圖讓HIV及愛滋病定義為「高傳染性、接觸性感染、飛沫傳染性疾病」，如此一來即可強迫患病者受到隔離，但以失敗告終。因為小報大規模報導，英國政府官員對大眾恐同潛在暴力表示擔憂。十二月十一日，曼徹斯特警察局長詹姆斯・安德頓（James Anderton）發

左頁｜歇斯底里的恐慌不安。一九八七年紐約健康署發布關於HIV及愛滋病的公開文宣。

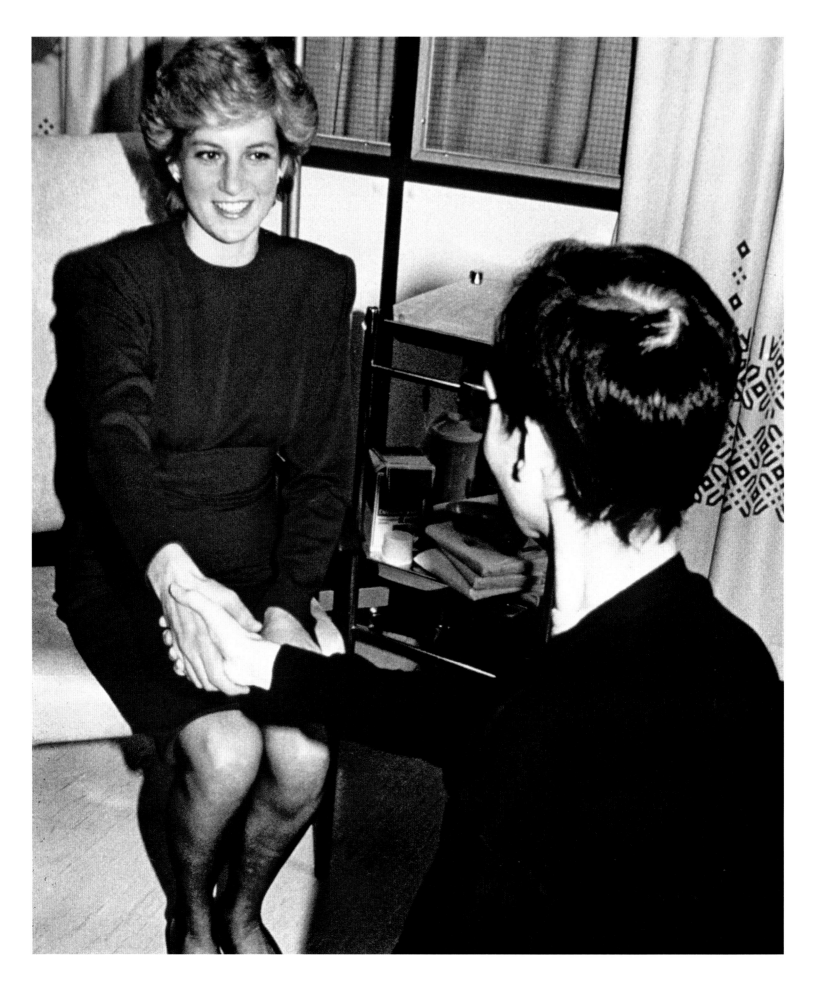

AIDS DON'T DIE OF IGNORANCE

[GAY OR STRAIGHT, MALE OR FEM... ...NYONE CAN GET AI... ...AL INTERCOURSE.
SO THE MORE PARTNERS ...REA...ER THE RIS... PROTE... ...USE A CONDOM.]

LONDON & PROVINCIAL)

左頁 | 那段恐懼、恐同、緊張且歇斯底里的時期，患有HIV及愛滋病患被當成「恐怖分子」，紛紛走避。一九八七年四月，黛安娜王妃成為首位公開與愛滋病患握手的世界知名人士，同時為米德薩克斯醫院（Middlesex Hospital）HIV暨愛滋病病房揭牌。

上圖 | 倫敦的大型廣告看板，一九八六年英國政府對HIV及愛滋病的公開宣傳之一。

表演說，表示男同性戀者「在自己製造的人類糞坑裡打轉」，贏得《太陽報》大力讚揚，質問為什麼「同性戀恐怖分子要忽視我們的警告，繼續過著彼此同床共枕的生活？」

同時，這種尚未得到完全掌握的疾病仍持續無情地掠奪生命。美國時尚設計師佩瑞·艾利斯（Perry Ellis）死於一九八六年五月，官方宣稱是腦炎致死，《紐約》（New York）雜誌則推測他死於愛滋病相關併發症。那年為止，全球愛滋病通報案例超過三萬八千四百零一件：非洲兩千三百二十三件，美國三萬一千七百四十一件，亞洲八十四件，歐洲三千八百五十八件，大洋洲地區三百九十五件。這些數字尚不包括某些將此疾病視為禁忌的地區，直至今日仍有些國家尚未解禁。

雖然世界各地普遍仍在等待政府採取行動，一九八七年未出櫃的超級巨星列伯拉斯（Liberace）逝世，屍檢報告揭露他死於愛滋病相關併發症。魯伯特·梅鐸的英國報社《世界新聞報》（News of the World）公開調查結果，其讀者普遍支持撤回同性戀除罪化，保守黨議員傑弗瑞·狄根斯（Geoffrey Dickens）就是少數支持撤回的議員之一，最後並未成功。

一九八七年黛安娜王妃（Princess Diana）造訪倫敦米德薩克斯醫院愛滋病房時，特別為患有HIV及愛滋病患者破除汙名。他與一名深受愛滋病所苦的男性握手的照片傳遍世界，英國政府「別死於無知」的電視廣告及傳單也走進家家戶戶中。

同時，利用工黨對男女同性戀權益的支持作為政治資本，保守黨藉由廣告及大型看板建議工黨乾脆教孩童如何成為同性戀，而保守黨議員大衛·威爾沙爾（David Wilshire）及吉兒·奈特（Jill Knight）提出新法案，禁止在學校教學生接納同性戀——也就是具侮辱性的第二十八號條款。同年於美國佛羅里達有一家人的房子被燒了，因為他們三個患有血友病的兒子HIV檢驗為陽性反應。

一九八七年三月，作家兼劇作家賴瑞·克雷姆在紐約男女同性戀社群服務中心（Lesbian and Gay Community Services Centre）發表演說，在此之前他已於一九八三年辭去男同性戀者健康保健中心主席一職。他提出警告，五年內將有三分之二的男同性戀者將死於愛滋病，並詢問在座大眾是否有意願參與新的組織來對抗愛滋病。兩天後，三百名民眾出席新的非暴力直接行動小組第一次會議，取名為愛滋行動組織（AIDS Coalition to Unleash Power）——簡稱ACT UP。

一九八七年三月二十四日，ACT UP初次抗議活動就在華爾街舉行，抗議柏洛斯惠康公司（Burroughs Wellcome），他們是當時唯一製造治療HIV藥物AZT的製造商。ACT UP指控該公司從數千人的性命中謀取暴利。抗議運動期間有十七人被捕。不久後，美國食品藥品監督管理局（Food and Drug Administration，簡稱FDA）宣布將縮短核准新藥物的時間。

ACT UP逐漸茁壯，發起更多行動。藝術歷史學家兼ACT UP成員道格拉斯·克林普（Douglas Crimp）曾說熟悉媒體運作有助組織成功，第二次行動就在紐約郵政總局（New York General Post Office），利用報導民眾最後繳稅時間時的電視版面，ACT UP在這裡舉起倒著的粉紅三角形，曾是納粹用來辨別同性戀者的符號，下方是強而有力的標語：「沉默等於死亡」。

該組織開始在世界各地展開分支，示威活動與日俱增：到醫院要求更詳盡的研究；到白宮、衛生研究院（National Institutes of Health）抗議未出櫃的同性戀紐約市長郭德華（Ed Koch）不夠關注這個問題；抗議航空公司拒載愛滋病患者；抗議《柯夢波丹》（Cosmopolitan）雜誌刊登錯誤資訊，說女性幾乎不可能從男性身上感染HIV病毒；在川普大廈外抗議，當愛滋病患者死在街頭，政府卻為房地產開發商提供稅收優惠。具象徵性地位的藝術家凱斯·哈林（Keith Haring）及曾參與石牆事件的瑪莎·

左圖｜一九八七年三月，基進的HIV/AIDS直接行動小組ACT UP成立於紐約。他們在美國各地發起行動，並散播到世界各地。圖中是一九九一年白宮外參與遊行的示威者，他們互相扣在一起擋住大門，以抗議布希總統（President Bush）的無所作為。

上圖｜一九九四年世界愛滋日ACT UP舉辦示威活動，在法國巴黎凱旋門前。
右圖｜一九九三年ACT UP於巴黎遊行。他們的布條上寫著法國愛滋慈善機構及社運團體的名字，宣示「阻止愛滋」。

強森都是ACT UP的成員。

　　該組織最大規模的示威活動發生於一九八九年九月十四日，ACT UP潛入紐約證券交易所（New York Stock Exchange）高舉標語，壓過了知名的鐘聲，中斷證券交易。多日後，柏洛斯惠康公司將AZT藥物價格降低了百分之二十，一年約六千四百美元。一九八九年十二月，ACT UP舉辦了「不再去教堂」行動，抗議天主教恐同症、抵制保險套及女性生育權，超過四千五百名群眾聚集於聖派翠克大教堂（St Patrick's Cathedral），超過一百名群眾遭到逮捕。

　　ACT UP從美國點燃信號，世界各地群起響應成立分會。他們在倫敦的影響力很大，記者保羅·伯爾斯頓（Paul Burston）的活動也是該組織的一部分，包括占據道路等行動，艾力克斯·古格里二〇一八年劇作《暴動時刻》（Riot Act）中詳實地描述這些事件。ACT UP在巴黎的影響力同樣不容小覷，一九八九年巴黎分會成立，動員活動如「die-ins」，在巴黎聖母院（Notre-Dame Cathedral）舉起巨大標語抗議天主教廷對HIV病毒的態度，並向學童發送相關知識的傳單。一九九二年，他們發起「絕望之日」，在巴黎統籌各種相關運動，一年後的世界愛滋日，他們用巨大的保險套套住協和廣場（Place de la Concorde）的方尖碑。二〇一七年，由該組織前成員羅賓·康皮洛（Robin Campillo）執導的獲獎電影《BPM》（120 Beats Per Minute），正是一個急迫、發自肺腑的巴黎運動虛構故事。

　　一九八七年，雷根總統首度公開談論愛滋病，並組成華金斯委員會（Watkins Commission）——HIV傳染病的總統委員會，部分壓力來自ACT UP及其他社運團體的行動，迫使總統再也無法無視這場危機。

　　一九八八年，羅伯·瑞福德死後二十年，研究家重新調查當時儲存的瑞福德細胞，證實他是美國第一個死於愛滋病的人；而挪威的阿爾納·羅德、其妻子與女兒則是歐洲的第一起死亡案例，兩起案例都指出HIV病毒出現於歐洲及美國的時間早於一九六〇年代。而後科學家總結這種病毒是在二十世紀初期經由非洲靈長類傳給人類。

　　死於HIV及愛滋病的名人們喚起大眾關注疾病伴隨的大規模破壞，同時減輕在大眾目光之外、那些被診斷為帶原者的汙名。一九八九年，著名舞蹈家艾文·艾利（Alvin Ailey）五十八歲病逝；一九九〇年，瑞安·懷特死時年僅18歲；LGBTQ社運家維多·羅素（Vito Russo）四十四歲病逝，藝術家凱斯·哈林三十一歲病逝，巴西流行歌手卡祖札（Cazuza）三十二歲病逝，均死於愛滋病相關併發症。一九九一年，皇后合唱團主唱弗萊

一九八〇年代的義大利

一九八〇年代義大利的社運者身處西歐最嚴謹的保守天主教國家，要有些許進程都相當辛苦，背後還有歷史上與同性戀的複雜關係（一八九〇年同性戀性行為已合法化，同性戀與異性戀者的合意年齡皆為十四歲）。一九八〇年，義大利第一個同性戀權益組織彩虹同志（Arcigay）創立於巴勒莫（Palermo），一九八五年拓展至全國各地。直至今日該組織仍是義大利規模最大的LGBTQ組織，為LGBTQ族群提倡更全面平等的研究與運動，並在二〇一六年義大利同性婚姻合法化中出力。如你所能想像的，該組織積年累月地對抗羅馬天主教廷、教宗，組織「LGBTI政治監督」[28]（LGBTI Political Watch）持續追蹤政府及政黨在相關議題的立場。研究顯示，義大利對LGBTQ的社會態度持續改善中，過往十年的研究報告指出百分之七十四的民眾認為應對同性戀者一視同仁，近八成民眾認為跨性別者應受到法律保護，不受歧視。

迪·墨裘瑞四十四歲病逝，就在他開記者會承認他患病的謠言屬實後二十四小時去世。同年，《美女與野獸》（Beauty and the Beast）及《小美人魚》（Little Mermaid）作詞者霍華·愛許曼（Howard Ashman）四十一歲病逝，籃球員魔術·強森（Magic Johnson）也公開承認他是HIV病毒帶原者。

　　一九九二年，主演電影《驚魂記》（Psycho）的雙性戀演員安東尼·柏金斯（Anthony Perkins）因愛滋病相關併發症病逝，享年六十歲；影集《脫線家族》（Brady Bunch）演員羅伯特·里德（Robert Reed）五十九歲病逝；深受喜愛的英國演員丹霍姆·艾略特（Denholm Elliott）七十歲病逝；澳洲歌手彼得·艾倫（Peter Allen）四十八歲病逝。一九九三年，異性戀網球冠軍亞瑟·艾許（Arthur Ashe）五十歲病逝；芭蕾舞者魯道夫·紐瑞耶夫（Rudolf Nureyev）五十四歲病逝，均死於愛滋病。

　　一九九四年，愛滋病成為美國二十五歲至四十四歲青壯年人口主要死因。那一年，作家雷迪·希爾斯（Randy Shilts）死於四十二歲；導演德瑞克·賈曼死於五十二歲；N.W.A.團體饒舌歌手Eazy-E（本名Eric Lynn Wright）三十歲，驗出HIV陽性反應後一個月逝世；社運者伊莉莎白·格拉瑟（Elizabeth Glaser）死於四十七歲；英國花式滑冰奧運冠軍約翰·庫利（John Curry）死於四十四歲，全都死於愛滋病，而美國跳水奧運選手格雷格·洛

28｜LBGTI中的I是Intersex，指雙性人。

前頁｜一九八七年巴黎驕傲遊行兩名精心裝扮的參與者，他們戴著惡名昭彰的納粹辨識同性戀囚犯的粉紅三角形。自打LGBTQ權益運動興起，ACT UP就是最多產的團體。

右頁｜古巴裔美國人佩德羅·薩莫拉曾在一九八〇年代這張西班牙語的預防愛滋病宣傳海報上露臉。佩德羅曾說：「我十七歲時發現HIV陽性反應，人人都可能患病。」

"Al cumplir los 17, me enteré que tenía el HIV y también que todo el mundo lo puede contraer."

Peter Zamora, con resultados positivos del HIV

De cada 250 estadounidenses, uno está infectado con el HIV.

1-800-344-7432

AMERICA RESPONDE AL SIDA

DEPARTMENTO DE SALUD Y SERVICIOS HUMANOS
Servicio de Salud Pública

CDC

加尼斯（Greg Louganis）也公開承認已確診HIV陽性反應。

一九九四年六月三十日，MTV製作的《真實世界》（*The Real World*）實境秀第一集播出，背景就在舊金山。一名室友成功打破偏見與既定印象，直接影響了全世界的觀眾。這名室友是一名二十二歲的男同性戀者佩德羅・薩莫拉（Pedro Zamora），出生於古巴，八歲時移居美國，十七歲時驗出HIV陽性反應，終身致力將愛滋病知識傳遞給群眾。他決定參與《真實世界》試鏡，希望藉由這個節目激發大眾對HIV帶原者及愛滋病患的同情心，提高大眾對愛滋病的認識。作為該節目極受歡迎的角色，

他達到了目的。在這個節目中，薩莫拉與他的伴侶西恩・薩瑟（Sean Sasser）交換誓言，成功贏得其他室友的支持——以及MTV的觀眾，所有觀眾都非常喜歡他們的故事。多年後，《時代雜誌》將薩莫拉與其室友們的衝突片段評為「真人秀歷史上三十二個經典時刻」第七名。這個節目拍攝後數月播出，而薩莫拉的病情每下愈況。一九九四年十一月十一日最後一集播出幾個小時後，薩莫拉死於愛滋病相關併發症。雖然他的一生極為短暫，薩莫拉仍成功扭轉大眾觀點，以及被認為是二等公民、沒人在意他們是死是活的族群與年輕美國人間的關係。美國總統比

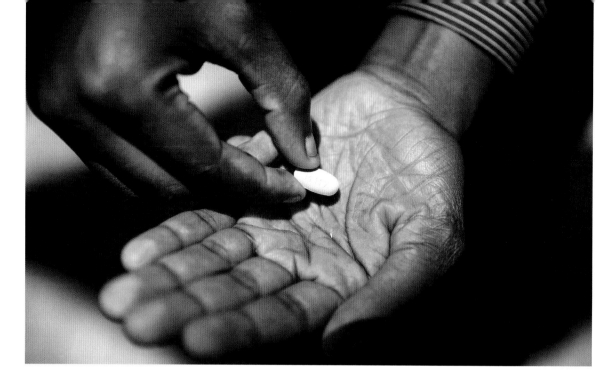

爾‧柯林頓（Bill Clinton）也是讚揚薩莫拉行動的人之一，感謝他賦予HIV帶原及愛滋病一個平凡的面貌，讓愛滋病患也能有跟一般人一樣的待遇。

一九八七年，首個治療HIV的藥物通過許可，藥物名稱為齊多夫定（zidovudine），簡稱AZT（azidothymidine），也就是一種類核苷反轉錄酶抑制劑（nucleoside analogue reverse-transcriptase inhibitors，簡稱NRTIs），藉由藥物阻止HIV病毒影響健康細胞，但劑量高時有毒，仍有許多使用此藥物的人喪命。隨著科學家們對HIV病毒了解得愈來愈透徹，其運作方式也愈發清晰，從確診感染到病入膏肓，病毒並非像我們原本以為的那樣靜止，而是經過數十億次的複製再複製，複製行為意味著會發生抗藥突變，最終造成治療失敗。

一九九五年，科學家們研發出一種新的藥物叫蛋白酶抑制劑，可防止HIV病毒感染新細胞。實驗結果顯示使用一種以上的藥物，可以更有效預防病毒複製及病毒抗藥突變反應。一九九七年，內含兩種藥物的卡貝滋錠（Combivir）通過許可，引進結合療法，可快速減少患者血液中的HIV病毒，恢復健康細胞。

雖然被譽為愛滋病終結者，事情仍沒有想像中簡單。抗反轉錄病毒治療（Antiretroviral therapy）並非對策：一旦患者停止治療，HIV病毒就會再次攻擊免疫系統，並且這種治療方案只能讓有保險、經濟能力許可、或所屬國家提供免費健康保險者接受治療。然而過去二十多年來，抗反轉錄病毒治療確實成功改變了許多HIV帶原者的人生，他們可以活下來、享受完整的生命。

醫療持續進步。暴露愛滋病毒後七十二小時內，可進行抗HIV病毒療程預防感染，也就是預防性投藥PEP（post-exposure prophylaxis），可有效阻止病毒入侵。二〇一二年又有另一個重大發展：暴露愛滋病毒前預防性投藥，簡稱PrEP（pre-exposure prophylaxis），由美國食品藥品監督管理局核准通過。HIV檢驗陰性者可透過每日服用PrEP藥物預防感染，有相當高的機率可避免HIV病毒感染。但即使是同性戀者與雙性戀者都認為這種藥物有疑慮，有些人認為PrEP藥物可能間接鼓勵不戴保險套進行性行為，進而增加性傳染病傳播。

二〇一六年六月，英國國民健保署（National Health Service）以不負責預防事宜為由拒絕批准PrEP預算，而被告上法庭。預算遭到推翻，國民健保署開始對該藥物進行醫學試驗，但直至本書寫作時這種藥物仍未廣泛使用。雖然如此，英國男同性戀者與雙性戀者的HIV感染率仍首次出現下降趨勢。

二〇一四年，世界衛生組織（World Health Organization）建議暴露於HIV感染高風險者接受PrEP藥物為預防措施，包括男同性戀者、男雙性戀者、跨性別女性。世界衛生組織也提到，男性與男性進行性行為的感染機率是一般人的十九倍，而跨性別女性則是一般人的五十倍。

在美國，PrEP是處方藥，但絕大多數非裔美國人男同性戀者與男雙性戀者，因為沒有健康保險而無法服用此藥。美國普查局（Census Bureau）統計指出，二〇一七年有百分之十點六的非裔美國人沒有健保，非西班牙裔白人則是百分之六點三。根據美國疾病管制與預防中心二〇一六年資料顯示，雖然非裔美國人僅占美國人口百分之十二，卻有百分之四十四的非裔美國人HIV檢驗為陽性。

上圖｜姆貝拉尼‧西班達（Thembelani Sibanda）展示他服用的HIV預防藥物PrEP，希望避免其生活方式伴隨的風險，攝於二〇一七年。
右頁｜姆貝拉尼接受關於PrEP藥物採訪時拍攝的照片，攝於二〇一七年，南非索維托（Soweto）。

文 化 ： 藝 術

在LGBTQ族群只能被迫生存於社會邊緣的時代，作家、音樂家、視覺藝術家往往是唯一能記錄、表達我們是誰，記錄我們生活經驗的人。石牆事件後的世界，藝術、行動主義、性別認同都融合在一起，新一波開放的LGBTQ藝術家興起，創造屬於他們的視覺藝術及文化詞彙。

大衛・霍克尼（David Hockney）早期作品中表達了同性戀者的經歷，例如《我們兩個男孩緊緊膠著》（We Two Boys Together Clinging）。二〇一八年，他的《藝術家肖像（泳池與兩個人像）》（Portrait of an Artist [Pool with Two Figures]）隱含著同性戀意涵——藝術家看著在水裡游泳的運動員，以九千萬英鎊（約三十五億臺幣）賣出，是所有在世作家最高價售出的作品。

一九七六年電影《塞巴斯提安》（Sebastiane），由英國多媒體藝術家德瑞克・賈曼執導，是早期能在英國電視上播放的同性戀電影。賈曼是近代史上最有創造力、最勇敢的男同性戀者，他公開承認HIV檢驗為陽性，並參與同性戀權益團體OutRage!貢

獻心力。該團體經常公開表達自己反對石牆，他們認為石牆過於保守——賈曼也同意這點。他一直參與倡議運動，直到一九九四年因愛滋病相關併發症逝世。賈曼藉由最非凡、具創造力的創作抨擊一九八〇年代至一九九〇年代英國守舊的政治觀，以前衛卻平易近人的方式，成為同性戀史上的代表人物之一，直至今日。

上圖｜阿爾文・貝爾特普（Alvin Baltrop）創作的《日光浴平臺與塔瓦壁畫》（sunbathing platform with Tava mural），收錄於《碼頭》（The Piers）攝影書中，黑白照片，攝於一九七五年。
右頁｜《葛洛夫街的大衛》（David at Grove Street），黑白照片，南・戈丁（Nan Goldin）攝於一九七五年，波士頓。

鮮少人知道，阿爾文·貝爾特普（Alvin Baltrop）也是二十世紀酷兒生活重要的紀錄者。他在紐約出生、成長，自青少年起就開始攝影，拍攝他成長的城市。在海軍擔任醫官服役期間，他弄了一間小暗房，拍攝同袍海軍士兵，服役結束後回到紐約，一九七六年至一九八五年間拍攝無數張造訪下西城碼頭的旅客。他讓LGBTQ族群多樣性生生不息，那裡曾是藝術家及作家的聚集地，雖然如今已不復在。身為一個黑人酷兒男性，在藝術世界中也曾遇過恐同症及種族主義歧視，直到二〇〇四年他死後，他的作品才因社會意涵及藝術象徵而獲得大眾認可。貝爾特普的攝影作品都收錄於二〇一五年的《碼頭》（The Piers），這本書是前愛滋時期少數記錄紐約性文化之作。

美國二十世紀後期現場藝術的其他重要人物包括凱斯·哈林、凱薩琳·奧佩（Catherine Opie）、羅伯特·梅普爾索普（Robert Mapplethorpe）、南·戈丁（Nan Goldin）。塗鴉藝術家哈林創造很多公共作品，最知名的作品就在紐約地下鐵，也結交不少有名的名人朋友，如安迪·沃荷（Andy Warhol）、瑪丹娜。一九九〇年因愛滋病相關併發症去世前，他一直是積極參與ACT UP活動的成員，死時年僅三十一歲，但其作品受歡迎的程度從未衰減，成為人性、愛、行動主義重要性的代名詞。

凱薩琳·奧佩的作品多關注群體，從小他就開始幫家人、鄰居拍照。一九九〇年代時，他的一系列攝影作品：一九九一年《存在與擁有》（Being and Having）、一九九三年至一九九七年《肖像》（Portraits）捕捉了舊金山及洛杉磯的LGBTQ族群的點滴，專注探索性別認同及酷兒次文化的本質，運用並顛覆傳統肖像形式以挑戰男性觀點。

羅伯特·梅普爾索普一九四六年出生於紐約，一九七〇年代初期因為自己拍下挑戰禁忌的情色照，以及男性皮繩愉虐（BDSM）的攝影作品而引起轟動。後來他的親密肖像攝影都是當時紐約知名度很高的俊男美女，包括楚門·卡波提（Truman Capote）、瑪麗安·菲斯佛（Marianne Faithfull）、葛蕾絲·瓊斯、伊吉·帕普（Iggy Pop）以及他長期的繆思女神派蒂·史密斯（Patti Smith）。一九八八年十二月，他的巡迴展覽《完美時刻》（The Perfect Moment）在國內引發爭議及不同意見的爭論，導致一九八九年由政府資助的展覽也被迫取消。也是那時候，一九八九年三月九日，梅普爾索普死於愛滋病相關併發症。

南·戈丁的攝影作品可說是二十一世紀最有影響力、當然也是最知名的LGBTQ次文化視覺紀錄。青少年時期就發現攝影天賦，戈丁用攝影記錄朋友和自己的生活，以驚人直白的方式突顯那個世代中的愛、歡樂、痛苦、藥物濫用的情形。他的展覽

當代獲獎者：夏洛特·普羅傑

夏洛特·普羅傑（Charlotte Prodger）以其二〇一七年於挪威卑爾根藝術廳（Bergen Kunsthall）的個展《BRIDGIT》及《Stoneymollan Trail》，於二〇一八年贏得享譽盛名的透納獎（Turner Prize）。主要以動態影像呈現，挖掘酷兒觀點中身體、身分、景觀間的關係。普羅傑於二〇一四年當代藝術雜誌《Frieze》採訪中說：「地方及鄉村的酷兒敘事對我來說很重要……就像存在於自由城市環境之外的主體。」

及一九八六年出版的攝影書《性依賴的敘事曲》（The Ballad of Sexual Dependency），像鏡子般反映出一九八〇年代LGBTQ族群的生活，隨著愛滋病侵襲紐約，他以令人瞠目的親密攝影深入性別政治議題。戈丁以這句話作為這本書的總結：「現在，這本書是失落之作，卻也是愛的敘事曲。」如今他是全世界最知名的當代攝影師，近期作品有二〇一〇年《Positive Grid》，挑戰媒體對HIV陽性帶原者的報導。

右頁｜藝術家凱斯·哈林，他激勵人心的塗鴉藝術世界聞名，從沃荷到瑪丹娜都非常喜愛他的作品。哈林也是ACT UP的活躍成員，直到一九九〇年因愛滋病相關併發症逝世。

真人實事

南・戈丁

美國攝影師
關於他的朋友大衛・阿姆斯壯
（David Armstrong，一九五四—二〇一四）

大衛是第一個拍我的人，他教我笑、叫我南。我發現他是未出櫃的同性戀，告訴他怎麼出櫃。我們是兩個嬉皮孩子，那是一九六九年鄉下地方，大衛十四歲，我十五歲。

他像天使般出現，降臨在我的嬉皮學校桑蒂亞社區學校（Satya Community School），當時這樣的教育理念非常盛行。他完美無瑕、彷彿雌雄同體，就像小鹿般優雅，看起來就像唯美派藝術家奧伯利・比亞茲萊（Aubrey Beardsley）畫的畫，還有他天鵝般的手。我非常渴望能認識他。

我已經一年多沒有用悄悄話以外的聲量說話了，卻勾起他的好奇心。我聲名遠播——我在他以前的高中有傳奇事蹟，在停車場進行大麻交易時被抓到，於是被趕出學校。但不知怎的，他覺得我又幹練又迷人，完全就是他理想的樣子。

我們第一次見面是校外教學，在我們家鄉名叫千畝園的地方（Thousand Acres）。我們在當地超市賣肉的地方遇到，我們都在偷牛排，是他點亮了我，讓我宛若新生。他的好奇心引發的熱烈關注是一份禮物，收到的人都會嫉妒地想爭取他餘生所有的注意力，和大衛在一起的時候，我就是自己最渴望成為的人。我們就是彼此不可分割的一部分。

十三歲時我就發現自己對男同性戀非常有吸引力。以前讀過的某間寄宿學校是由一個男同性戀者管理，還有他母親及兩隻狗。那個時期恐同症帶來的壓抑凌駕一切，不斷地吞噬、餵養自己、像病毒一樣繁殖。我曾和那個管理者一起去旅行，他叫B博士，同行還有他的伴侶和我的男友，他是西印度群島的廚師，我們去歐洲旅行，也會去變裝酒吧。所以我遇到大衛時，直覺他可能是同性戀，即使他當時還沒出櫃。

我們見面後不久的某個晚上，我帶他去我哥哥哈佛的宿舍，在一個個寄養家庭轉換期間我都待在那裡。我和他一起爬上小小的單人床，想勾引他時，他就睡到地上了。我問他是不是怕我強暴他，也問了他是不是同性戀，我大聲地說出這些話的時候好像也解放了他，在那之前他只允許自己承認對男女都有過幻想，他感謝我讓他可以做自己，我也為此激動不已。

我們開始跑步，剩下整晚的時間就在哈佛廣場上遊蕩。大衛

從一開始就很容易吸引年長的男性，也讓他們陷入絕望，有一個男人和妻子離婚後才發現大衛根本是個小男孩。那幾年裡，沒有人會公開承認自己是同性戀，只能隱瞞或影射。

在我們家鄉，大衛格格不入，他的雌雄同體非常獨特，有著一頭長髮和耳洞，他在連鎖甜甜圈店裡引起騷動，他當時根本不受歡迎。他終其一生都在周遭的文學、文化中尋找些什麼，能夠反映出他的渴望，以及那種無法言喻渴望的源頭。我埋首心理學書籍，想找出自己對男同性戀及變裝皇后莫名吸引力的原因和論點——最好的書是關於羞恥感的《茶與同情》（Tea and Sympathy）、《寂寞之井》、《冷暖人間》（Peyton Place）。我們為對方大聲地讀了黛安・迪・普里瑪（Diane di Prima）寫的《高跟鞋小姐》（Miss High Heels），被他敘述肌膚上長緞面手套的性幻想喚醒，我們飢渴地觀看所有電影和書籍，尋找任何隱含同性戀含意的細微末節。

我們看了連三場電影，費里尼（Fellini）、維斯康提（Visconti）及三〇及四〇年代好萊塢女星的電影。我們狼吞虎嚥般咀嚼奧斯卡・王爾德、葛楚・史坦的著作，欣賞義大利文藝復興時期巨匠卡拉瓦喬（Caravaggio）的畫作，夢見沃荷的工作室。我們以熱情的藝術愛好者為傲，想像著性欲與性別自由流動的世界。

大衛離開學校，搬進名叫為平靜揮霍生活（Wasted Lives for Peace）的社區度日，我們失去聯繫。那是他第一次和其他男女同性戀們一起相處，非常興奮雀躍。他和朋友們搭便車去舊金山參加同性戀解放陣線遊行，那是同性戀驕傲遊行的前身。他在哈佛廣場一間名叫Sphinx的店找到工作，前面賣一些神祕學書籍，大衛負責的區域則是一些古董服飾。大衛對服飾非常講究，薄紗及塔夫綢慵懶地在古著攤位上就像優雅的女子。他開始做部分變裝，後來就完全變裝了。

一九七二年，我們在俄亥俄州貝村（Bay Village）另一邊（Other Side）變裝酒吧再次見面。我們和大衛的第一任男友湯米、我的第一任女友瑪西、和另外兩個我很喜歡的變裝皇后住在一起。那段時光流逝得很快，改變很大，充斥著安眠酮、黑人美女，我們一起交朋友、交換衣服、財務共用，偶爾也交換伴侶。在短短幾年間我們好像過了好幾種不同的人生，直到我前男友燒毀公寓前，一切都如此神奇。

左頁｜湯米的手放在大衛的臀部上。南・戈丁攝於一九七三年，紐約波士頓劍橋街。

下頁｜大衛及娜歐米（Naomi）在舞池裡。南・戈丁攝於一九七三年，麻省波士頓另一邊變裝酒吧。

政 界 出 櫃 潮

同性戀、雙性戀或跨性別者，通常是進入政界的阻礙，也確實阻礙了許多人參與競選，有些政治人物甚至覺得必須繼續躲在衣櫃裡。漸漸地，因為勇敢的先驅者，無形的圍籬開始被推倒，更多人能夠以全然真實的自我走進辦公室。今日，出櫃的LGBTQ政治人物前所未有地多，雖然很多國家依舊不允許他們踏入政界。

一九七四

美國女同性戀者凱西‧柯札琴科成為第一個出櫃且贏得選舉的同性戀者。

一九七五

英國工黨國會議員莫琳‧柯爾奎考恩（Maureen Colquhoun）於一九七四年贏得選舉。一年後，他為了和《莎弗》（Sappho）雜誌編輯在一起，離開他的丈夫，不久後便出櫃。地方選舉取消他的資格，雖然國家選舉時推翻了這個決策，但他仍輸了一九七九年的選舉。

一九七六

全世界第一個在國家立法機構任職的LGBTQ人士是男同性戀者庫伊‧休伊森（Coos Huijsen），一九七二年獲選為荷蘭國會二院（Netherlands House of Representatives）議員，一九七六年出櫃，當時三十七歲。

一九七九

義大利議員安傑洛‧佩札納（Angelo Pezzana）出櫃，成為該國第一個出櫃的同性戀議員。

一九七九

挪威第一個出櫃的國會議員是女同性戀文奇‧洛澤（Wenche Lowzow），出櫃那年仍在職，一九八一年再度勝選。

一九八三

美國眾議院（House of Representatives）議員格里‧史都斯（Gerry Studds）被揭露與十七歲助理發生性關係，被迫出櫃。

一九八四

工黨國會議員克里斯‧史密斯（Chris Smith）在英式橄欖球賽上演說：「大家好，我是克里斯‧史密斯，我是工黨代表南伊斯靈頓（Islington South）和芬斯貝利（Finsbury）選區的國會議員，我是一名同性戀者。」不久後，史密斯也成為第一個公開承認HIV陽性反應的英國國會議員。

下圖｜英國國會議員克里斯‧史密斯，攝於一九九八年。一九九七年他被指派為首相東尼‧布萊爾（Tony Blair）的文化、媒體和體育部內閣。
右頁左上圖｜美國民主黨代表公開反對憲法修正案表決，該修正案將否決同性情侶的婚姻權，攝於二○○六年。
右頁右上圖｜澳洲前政治人物兼環保人士鮑伯‧布朗，攝於二○一八年。
右頁下圖｜美國眾議院議長南西‧裴洛西（Nancy Pelosi）簽署法案，撤銷美國對軍人個人性向的「不問，不說」政策，攝於二○一○年。譚米‧鮑德溫（Tammy Baldwin）站在他左後方。

下圖｜庫伊‧休伊森，前荷蘭政治人物，一九七○年代於國會二院任職時公開承認同性戀身分。

一九八七

美國麻省眾議會議員巴尼・法蘭克（Barney Franks）是第一個自願出櫃的國會議員，在媒體極度關心他與隨扈私人關係期間，他仍守住職位長達六年（直到二○一二年，他持續勝選，擔任公職）。

一九八八

加拿大首位出櫃的國會議員是斯溫德・羅賓森（Svend Robinson）。

一九九一

跨性別女性喬安・瑪麗・康特（Joanne Marie Conte）贏得美國科羅拉多州阿瓦達市議會（Arvada City Council）議員一職。

一九九四

德國出櫃政治人物芭芭拉・漢翠克斯（Barbara Hendricks）及伏爾克・貝克（Volker Beck）自一九九四年起於德國聯邦議院（Bundestag）任職。

一九九六

澳洲參議員鮑伯・布朗（Bob Brow）於一九九六年選戰中公開出櫃，成為首位出櫃的澳洲議員，也是澳洲首位出櫃的黨主席（綠黨，the Greens）。

一九九七

首批在大選前出櫃的英國國會議員是工黨的史蒂夫・特維格（Stephen Twigg）及班・布萊蕭（Ben Bradshaw），兩位皆於一九九七年勝選。

一九九八

法國首位出櫃的男同性戀政治人物安德烈・拉巴黑（André Labarrère），於一九九八年出櫃。

一九九九

譚米・鮑德溫是第一個獲選進入美國眾議院的出櫃LGBTQ人士，二○一二年也代表威斯康辛州，成為首位獲選為參議院議員的女同性戀者。

一九九九

南非首位出櫃的國會議員是麥克·華特斯（Mike Waters），一九九九年獲選。

一九九九

世界首位跨性別出櫃市長、後為國會議員喬治娜·貝耶爾（Georgina Beyer），具歐洲及毛利人血統，於一九九九年至二〇〇七年間於紐西蘭議會任職。

二〇〇二

二〇〇二年英國首位出櫃的保守黨國會議員：艾倫·鄧肯（Alan Duncan）。

二〇〇六

丹尼爾·卡茲佐尼（Daniele Capezzone）是第一位公開承認雙性戀身分的義大利國會議員。

二〇〇六

義大利選出該國——及歐洲——首位公開跨性別身分的國會議員弗拉迪米爾·露西魯亞（Vladimir Luxuria）。

二〇〇九

妮基·辛克萊爾（Nikki Sinclaire）代表英國西米德蘭茲郡（West Midlands）獲選為歐洲議會議員，成為英國首位公開跨性別身分的歐洲議會議員。

二〇〇九

約翰娜·西古德朵提（Jóhanna Sigurðardóttir）成為第一個出櫃的LGBTQ國家領導人，二〇〇九年至二〇一三年期間擔任冰島共和國總理。

二〇一一

安娜·格羅茲卡（Anna Grodzka）成為波蘭議會首位公開跨性別身分的政治人物。

二〇一一

第二位出櫃的LGBTQ國家領導人是比利時首相埃里歐·迪·呂波（Elio Di Rupo），任職期間為二〇一一年至二〇一四年。

二〇一二

美國史塔西·勞頓（Stacie Laughton）是首位勝選進入美國眾議院（代表新罕布夏州）的跨性別出櫃者，但並未就職。

右上圖｜紐西蘭工黨議員喬治娜·貝耶爾公開支持民事結合法案，攝於二〇〇四年。
右下圖｜冰島總理約翰娜·西古德朵提慶祝勝選，攝於二〇〇九年。
右頁左上圖｜南非國會議員札赫勒·賈布洛．姆布海勒，攝於二〇一五年。
右頁右上圖｜格拉迪爾·羅曼（Geraldine Roman）在競選期間與支持者見面，後來勝選成為立法委員，攝於二〇一六年，菲律賓巴丹（Bataan）。
右頁左下圖｜安德烈亞·賈金斯聽到馬爾文·卡特（Melvin Carter）勝選消息時的反應，攝於二〇一七年，美國明尼蘇達州。
右頁右下圖｜愛爾蘭總理里歐·瓦拉德卡，二〇一五年參與都柏林驕傲遊行。

二〇一三

第三位LGBTQ國家領導人是克薩維埃·貝特（Xavier Bettel），二〇一三年成為盧森堡首相，直至二〇一九年仍在職。

二〇一四

札赫勒·姆布海勒（Zakhele Njabulo Mbhele）成為南非第一個出櫃的黑人男同性戀議員。

二〇一六

格拉迪爾·羅曼是第一位進入菲律賓國會的跨性別政治人物。

二〇一六

尼魯卡·恩卡納亞克（Niluka Ekanayake）成為斯里蘭卡中央省省長，是第一位擔任省長的跨性別女性。

二〇一六

沒有政治資歷的唐鳳受邀擔任臺灣行政院政務委員，成為第一個跨性別內閣成員。

二〇一七

二〇一七年，達妮卡·羅姆（Danica Roem）獲選為維吉尼亞州眾議院（Virginia House of Delegates）議員，成為美國首位就職的公開跨性別政治人物。

二〇一七

安德烈亞·賈金斯（Andrea Jenkins）成為美國第一個公開跨性別的黑人女性，獲選擔任公職。

二〇一七

愛爾蘭總理里歐·瓦拉德卡（Leo Varadkar）與塞爾維亞總理安娜·布爾納比奇（Ana Brnabi）兩人同年六月勝選，本書出版時已就職。

二〇一八

拉脫維亞首次選出兩名出櫃的LGBTQ國會議員：艾德加斯·林克維奇斯（Edgars Rinkēvičs）及瑪莉亞·古魯貝娃（Marija Golubeva）。

二〇一八

科羅拉多州在期中選舉中選出民主黨賈雷特·波利斯（Jared Polis），成為美國第一個出櫃的男同性戀州長。

憤　怒　！

隨著厭惡同性戀的憤怒像野火一樣燒遍英國，支持男女同性戀權益的左翼勢力也逐漸增長。一九八一年至一九八六年，在肯·李文斯頓（Ken Livingstone）帶領下的大倫敦議會（Greater London Council）撥款給社福團體，其中包括倫敦男女同性戀中心（Lesbian and Gay Centre）。受男女同性戀支持礦工團體啟發，英國全國礦工聯合會（National Union of Mineworkers）在一九八七年大選中，利用其集體投票權將同性戀權益寫入工黨宣言中。

　　工黨對LBGTQ權益的支持可以創造政治資本，右翼媒體知道後便便更加強硬地反對，八卦小報尤其熱衷於連結工黨與「同性戀恐怖分子」，就如《太陽報》曾做過的那樣。一九八六年，該刊物曾刊出一張在工黨教學單位販售的丹麥童書《珍妮·賴弗斯與艾瑞克和馬丁》（Jenny Lives with Eric and Martin）的照片，是描寫一個小女孩與兩個同性戀父親的故事，照片上斗大的標語是：「學校裡的骯髒書籍」。

　　一九八七年大選時，保守黨的報紙廣告描述年輕人拿著同性戀權益文宣，上面寫著：「給工黨陣營：你們想這樣活著嗎？好好想想吧！」其他陣營則建議工黨可以把名叫《青春、同性戀與驕傲》（Young, Gay and Proud）的書當教科書。那一年，柴契爾夫人取得壓倒性勝利，他在政黨會議中提出警告，在左翼委員會帶領下，「孩子被教導他們絕對有權利成為同性戀。這些孩子健全人生的開始已然被奪走了。」

　　該黨實踐了他們的諾言。保守黨國會議員大衛·威爾沙爾及吉兒·奈特提出《一九八八年地方政府法》修正案，表明地方政府「不得故意宣揚同性戀」或「不得在學校教導學生接受同性戀也可以組成家庭」。第二十八號條款旋即成為當代第一條反同法案。

　　示威運動爆發了。成千上萬人在倫敦及曼徹斯特示威遊行，當時最有名的流行樂團都在示威運動中演出，包括寵物店男孩、普羅克萊門兄弟（Proclaimers）、比利·布拉格（Billy Bragg），喬治男孩也推出新歌〈反28條款〉（No Clause 28）。備受尊崇的演員伊恩·麥克連成為第一批出櫃的名人，他在英國廣播公司廣播音樂頻道直播現場，討論同性戀議題時公開出櫃。英國上議院同樣贊成這項法案，一九八八年五月二十三日女同社運者闖入議院內，就在法案頒布前一晚，有更多女性闖入英國廣播公司晚間六點的新聞直播，身穿「阻止法案」的上衣。

　　第二十八號條款的重擊無疑是LGBTQ運動的災難，也是激怒人心的轉折點。有些具影響力的LGBTQ人士認為需要一種新的方式：一種降低憤怒、更利於政治推廣、也更有影響力的方式。記

者、社運者、名人，如賽門·法索威（Simon Fanshawe）、麥克·卡什曼、麗莎·波沃爾（Lisa Power）等人，聚集於伊恩·麥克連位於東倫敦的家，成立了以石牆事件為名的新組織。

上圖｜演員伊恩·麥克連（中間靠左）及社運者彼得·塔切爾（中間靠右）帶領示威遊行，抗議第二十八號條款。攝於一九八八年二月，倫敦曼徹斯特。
下圖｜抗議者在上議院第二十八號條款支持投票時表達抗議。攝於一九八八年二月。
右頁｜一九八七年保守黨的大選廣告，試圖將工黨對男女同性戀團體的支持醜化為對家庭的威脅，這則只是其中之一。

LABOUR CAMP

Do you want to live in it?

THINK ABOUT IT.

CONSERVATIVE

Published by C.C.F., 32 Smith Square, London, SW1P 3HH
Printed by Orchard & Ind Ltd., 104 Northgate Street, Gloucester, GL1 1SP
GEP 8

　　LGBTQ族群中某些人認為石牆組織太專業、近乎中產式的方式，是對高高在上政界的妥協，是對酷兒理念的背叛，他們要更直接的行動，要能表達多數人的憤怒以及對正義的渴求。一九九〇年世界衛生組織已將同性戀從疾病清單中移除，但普羅大眾的接受度無法立即趕上這項發展。

　　一九九〇年，石牆組織成立後隔年，演員麥可·布斯（Michael Boothe）在西倫敦艾爾松公園（Elthorne Park）附近的公廁，遭六名男子毆打致死，行為之殘暴，他的腳掌幾乎要從腿上掉下來。那年以前也有不少男同性戀者被刺殺或虐待致死，基於警方毫無疑問的制度性恐同，當然沒有好好地調查這些案件。倫敦同性團體憤怒至極，擔憂在公廁殺害同性戀者的謀殺者不會受到主流社運關注，如西蒙·華特尼、克里斯·伍茲（Chris Woods）、凱斯·艾爾科（Keith Alcorn）、彼得·塔切爾等社運者，在布斯之死後幾天組織一場公眾會議，組織一個更激情、更有對抗性的團體。第一個由OutRage!發起的公眾行動是一九九〇年六月七日於海德公園公廁的示威抗議，為了抗議倫敦警察廳用「漂亮的警察」為誘餌——在公廁等著逮捕上鉤的男同性戀者。另一方面，石牆在遊說政界人士及有同理心的記者，而OutRage!則繼續示威，到處展示挑釁的標語。英國國防大臣麥可·波蒂羅（Michael Portillo）因其中一個標語：「波蒂羅搞上酷兒士兵！」，決定支持軍方禁止接受LGBTQ族群的禁令。

左頁｜彼得·塔切爾（中間）和OutRage!一起參與一九九六年倫敦驕傲遊行，於國會廣場（Parliament Square）。國防大臣麥可·波蒂羅同時表示支持LGBTQ族群不得於英國軍隊服役。多年後，波蒂羅證實他曾有過同性性行為的謠言。

上圖｜伊恩·麥克連與首相約翰·梅傑（John Major）談話後離開唐寧街十號。約翰·梅傑稍後表示他在這場會議中，針對同性戀及相關權益「上了重要一課」。

右圖｜凱莉·米洛（Kyle Minogue）與艾爾頓·強一起變裝演出，於倫敦皇家阿爾伯特音樂廳（Royal Albert Hall）的石牆平權秀。他們一起演唱剪刀姊妹的歌曲。

同樣於一九九○年在紐約成立的直接行動組織酷兒國度（Queer Nation），採取相似的積極抗爭策略，由四位ACT UP成員共同創立——湯姆・布盧伊特（Tom Blewitt）、艾倫・克萊恩（Alan Klein）、米開朗基羅・西諾萊爾（Michelangelo Signorile）、卡爾・索恩萊恩（Karl Soehnlein），作為紐約市中對LGBTQ族群暴力升級的回應。該組織其中一項重要目標是奪回專屬大眾、異性戀的空間，第一個直接行動就是在名叫福魯提酒吧（Flutie's Bar）的異性戀出入場所。集體前往這些場所是為了傳遞一個訊息，LGBTQ族群不會被侷限於某些特地為他們而設的地方，可以無拘無束、大方地表露情感，也就是「酷兒之夜」（Nights Out）。酷兒國度正面迎擊公眾人物（以及曾表達恐同態度的人），在遊行中散布基進、甚至勾起衝突的小冊子，刻意行經曾攻擊LGBTQ族群的地方。酷兒國度的分支在美國各地成立，包括舊金山、丹佛、亞特蘭大、休士頓、波特蘭。

雖然經常被認為相互對立，酷兒國度、OutRage!與相反路線的石牆組織，彼此仍以鉗形攻勢合作。由OutRage!組織喧鬧的抗議示威運動，強迫政客了解LGBTQ的需求，進而推動相關權益，為石牆組織鋪平道路，讓他們得以展現這場運動中理性的樣貌。一九九四年，在石牆組織的支持下，英國保守黨國會議員

愛維娜・嘉麗（Edwina Currie）提交修正案，同時將所有人的合意年齡一致訂為十六歲，當時男性同性性行為之合意年齡為二十一歲。大眾憤怒的論戰持續了數週，英國下議院投票當晚，由OutRage!帶領的數千民眾在外聚集抗議，點燃燭火徹夜守候。該修正案遭多數保守黨國會議員否決，他們只同意將男性性行為合意年齡降為十八歲。外面守夜的形勢恐成為一場暴動，雖然最終未達到預期目標，過程卻顯現六年前保守黨因與同性戀並肩而贏得大量選票，如今已然成為潛在的政治責任。

OutRage!將他們認為有害於LGBTQ族群利益的公眾人物公諸於世，此做法引發爭議。他們關注於教會的偽善，抗議任命麥可・騰博（Machael Turnbull）為英國達勒姆（Durham）主教，他曾因同性性行為而遭定罪。一九九八年，塔切爾因「教堂內失序或暴力行為」被捕，他爬上坎特伯里大教堂（Canterbury Cathedral）的講壇，對喬治・凱里（George Carey）大主教表達抗議。當時，塔切爾被媒體列為英國最討厭的名人，經常與人扭打而遭逮捕，被民眾攻擊、吐口水，或收到子彈、死亡威脅信。

完全相反的另一端，石牆組織與娛樂圈名人合作，展開公關及募款活動，舉辦一年一度的石牆平權秀。一九九四年，寵物店男孩於守護神劇院（Palladium）登臺大力宣傳，接著超級巨星艾爾頓・強、李察・吉爾（Richard Gere）、史汀（Sting）、安東尼奧・班德拉斯（Antonio Banderas）、珍妮佛・桑德斯（Jennifer Saunders）也陸續在阿爾伯特音樂廳登臺演出。

一九九○年代一些名人發表的公開聲明具決定性作用，成為改變大眾輿論的關鍵。一九九二年，歌手凱蒂蓮在《倡導》雜誌專訪時出櫃，毫無疑問地成為全世界最知名的女同性戀者，

接著成為美國知名雜誌《浮華世界》（Vanity Fair）封面人物，照片裡的他坐在理髮椅上，讓超級名模辛蒂·克勞馥（Cindy Crawford）為他剃鬍。一九九三年，艾爾頓·強擺脱了多年毒癮，與大衛·弗尼西交往，創立了抗愛滋基金會。同年，美國搖滾歌手梅麗莎·埃瑟里奇（Melissa Etheridge）在美國總統比爾·柯林頓（Bill Clinton）就職典禮演出時出櫃，並拒絕在美國科羅拉多州演出，因為該州投票通過拒絕維護LGBTQ族群平等權益的二號修憲案（Amendment 2）。一九九四年，演員史蒂芬·佛萊（Stephen Fry）出櫃，二〇〇九年於《衛報》發表文章，表示驕傲運動是一場大勝利，「屬於男女同性戀者被霸凌、毆打、虐待而殘破的身體，他們一個個勇敢站出來，拒絕為自己的身分道歉。」保羅·奧格雷迪（Paul O'Grady）曾在皇家沃克斯豪爾同志酒吧表演，以其女性自我身分莉莉·薩維奇（Lily Savage）演出長達八年，利用這個平臺大力提倡LGBT權益，因而成為最受喜愛的英國電視喜劇演員，並抱回二〇〇五年英國喜劇獎最佳喜劇娛樂人物獎。 一九九九年，好萊塢兼百老匯明星奈森·連恩於《倡導》雜誌出櫃，表明馬修·謝巴德謀殺案是決定性因素：「就像有人把我打醒了……在這個時刻，不做點什麼實在太自私了。」因為這些受歡迎公眾人物的行動與成功，LGBTQ族群的文化形象開始轉變，甚至這些人的一舉一動中都有一股力量，能讓LGBTQ被看見、走出衣櫃、尋求支持，甚至受到廣大的觀眾追捧。奠基於這些名人的行為之上，認可及接納以一種更高的形式出現——石牆組織最受人注目的創辦人伊恩·麥克連獲英國授予爵位。作為當代最受尊崇的演員，他成為公眾與當權派接受並祝福LGBTQ族群的象徵，自從發表LGBTQ族群值得平等待遇的基本概念，他始終不懈地致力推廣運動。

公眾人物的開放態度某種程度上也改變了大眾風向，LGBTQ平權運動就利用了這點，最有名的就是石牆組織，一九九〇年代晚期至二〇〇〇年代初期在英國幾個重要項目上成功推動法律改革。一九九三年至二〇〇三年間，該組織的執行主任為安琪拉·梅森（Angela Mason），與彼得·塔切爾「大眾敵人」的形象相較，更和藹可親了許多，而雙管齊下的方法則是平權進程中最寶貴的結合。

工黨與法律改革

像OutRage!這類團體不間斷煽動人心的策略，協助石牆組織打造一九九〇年代最大的公關活動，尤其在工黨領袖東尼·布萊爾攜妻子出席一九九六年石牆平權秀後，成為空前強烈的訊號，一九九七年若布萊爾成為首相，情勢真的可能扭轉。

一九九七年，布萊爾以壓倒性票數贏得勝利。倫敦夜店G-A-Y舉辦了直播派對，想徹夜等候結果的任何人都可以參與，保守黨每痛失一席，便會爆出歡呼聲，最大的一次歡呼是麥可·波蒂羅輸給工黨同性戀候選人史蒂夫·特維格。

這場勝利象徵英國嶄新、更社會自由的黎明到來，同志團體則希望兌現承諾。一九九七年，驕傲遊行集結於克拉漢姆公園（Clapham Common），當時最出名、風趣、已出櫃的同性戀者葛雷漢·諾頓（Graham Norton），為英國第四頻道拍攝紀錄片，帶領二十五萬群眾高喊「布萊爾先生，我們要平權！」——確實開始實踐了。

一九九七年，石牆組織援引歐洲人權法院（European Court of Human Rights）案件，支援兩名青少年厄南·蘇瑟蘭（Euan Sutherland）與克里斯·莫里斯（Chris Morris），爭取英國政治降低男性性行為合意年齡為十六歲。法庭支持蘇瑟蘭及莫里斯，但仍花了布萊爾政府仍花了三年，直至二〇〇〇年才修法。

一九九九年，同性戀軍官鄧肯·路斯丁－普林（Duncan Lustig-Prean）及約翰·貝克特（John Beckett）同樣獲得石牆組織支持，在歐洲人權法院勝訴，判決表明禁止LGBT人士於軍隊服役是違法行為。同樣於二〇〇〇年一月取消禁令。

情勢之強完全無法阻擋。二〇〇〇年，蘇格蘭廢止第二十八號條款，但英格蘭及威爾斯國會議員投票仍維持此條款。二〇〇二年，同性戀伴侶可合法領養孩子。同年，艾倫·鄧肯成為首位保守黨出櫃的國會議員。二〇〇三年，令人厭惡的第二十八號條款終於在英格蘭及威爾斯廢止，下議院投票決定以性向為由解僱員工屬違法行為。二〇〇四年，《性別承認法》（Gender Recognition Act）生效，跨性別者可以合法改變法律性別，由政府提出並投票通過承認民事伴侶關係。二〇〇五年大選前夕，東尼·布萊爾成為第一個登上同性雜誌封面的在職英國首相。二〇〇七年，正式引進《平等法》（Equality Act），提供貨物、設施、服務、教育、公共設施方面的歧視皆是不合法行為。在掌權的十年內，工黨政府為英國LGBTQ人士徹頭徹尾地改革法律。

左頁左圖｜OutRage!成員抗議英國不平等合意年齡。攝於一九九四年。
左頁右圖｜德州休士頓酷兒國度標語，抗議極端右翼政策。攝於一九九二年。
右圖｜酷兒國度與ACT UP社運者，一人打扮成教宗，抗議天主教會及美國軍隊的反同性戀條款，以及美國政府對愛滋患者的忽視。攝於一九九二年。

大衛 · 弗尼西

艾爾頓 · 強抗愛滋基金會主席，一九九四年創立。
抗愛滋基金會為愛滋相關項目募集四億美元善款。

現在我們能知道HIV及愛滋病的狀況其實是好消息。如今我們的境況是如果每個人都知道他們的HIV檢驗結果，獲得抗反轉錄病毒藥物治療，就不會再有人感染。

暴露愛滋病毒前預防性投藥代表若HIV檢驗陰性，聽從建議接受此療程，就能減少百分之九十五感染HIV病毒的風險。

如果你確診HIV陽性，你知道自己的病況，你也正接受醫師指示進行抗反轉錄病毒治療，大多數情況下病毒量都會降於零。一旦完成治療，即使你是HIV帶原者，也不會把病毒傳給別人，這是非常重要的進步。

但仍有兩個重大挑戰。一是依然存在的汙名，愛滋病是恥辱及死亡的象徵，被認為是男同性戀者、注射藥物成癮者、「性交史複雜者」專屬的疾病，全是可恥的族群。

二是接受治療的困難度。我們可以看到美國南方深處的中非裔美國男同性戀及雙性戀者受感染率極高，因為他們的社會裡有雙倍的恐同症，經常無法得到任何醫療資源。

我知道情況已經改善很多。回溯至一九九〇年代初期，我造訪肯亞及南非時，除了緩和醫療以外，我們束手無策。有時候我們會去探望某人，而他們就在我們抵達前死亡，到處都是棺材，到處都可以感覺到死亡的氣息，人們因此感到羞恥。如今，我們看到人們穿著「我是HIV帶原者」的上衣，表示只要透過教育，我們就能將HIV代表羞恥的標籤轉為勇氣。

雷根及老布希政府對HIV病毒及愛滋病視若無睹，因為是沒有人在意的「同性戀疾病」，導致它成為全世界最嚴重的疾病，七千萬人受感染，三千七百萬人死亡。我們看得到的並非全貌，有些國家將同性戀列為非法行為，或有深度恐同症，HIV的汙名化愈發嚴重，最終人們不想去檢驗或放棄治療，因為害怕被貼上「同性戀疾病」的標籤，社會持續出現新的HIV感染者，更別提性工作者與使用注射藥物的人。如果我們總是先入為主地判斷感染者，就永遠無法阻止疾病發生。如果我們可以接觸到這些人，取得資訊、讓他們接受檢驗及治療、進行針頭交換計畫，[31]就可以防止感染者持續新增。性是我們社會的一部分，藥物成癮也是社會的一部分，前美國第一夫人南西 · 雷根（Nancy Reagan）所說的「向毒品說不」，早就不適用了。

另一個重要問題是，在某些國家醫療照護貴得離譜。在美國沒有健保的話，暴露愛滋病毒前預防性投藥的一個處方箋要價四千三百美元（約十三萬新臺幣），如果有健保就能以健保支付，可是你若是住在南方的貧窮非裔美國人，可能完全無法負擔健保及暴露於愛滋病毒前預防性投藥。

柯林頓總統設想到了非洲的情況，做出革命性的改變。當藥物價格遠遠超出這些國家的醫療體系負擔範圍，是他前往藥廠，告訴他們我們要讓人們可以獲得藥物治療，他推動使用非專利藥，這些藥物的價格平價許多，我們現在就需要它。

現在會死於愛滋病，多半因為病人感染很長一段時間後才檢驗HIV病毒，並且沒有接受治療——病人必須持續不間斷接受治療，不能隨意停止或重啟治療，意味著你必須持續負擔得起醫療費用，以及病況持續轉好，預期壽命就能與HIV陰性者一樣。英國國會議員洛伊德 · 羅素－莫伊爾（Lloyd Russell-Moyle）承認自己HIV檢驗陽性，讓人想起籃球員魔術 · 強森的勇敢事蹟，我們需要更多人站出來這麼說：「我與這個疾病共存，我擁有完整的生命，並接受治療至今；我不會再將疾病傳染給別人。」我們必須努力將汙名抹去。

我非常驕傲於艾爾頓 · 強抗愛滋基金會的成就。自一九九三年起，這二十五年來我們募集了四億美元，資助數千個計畫，幫助HIV患者及減少汙名。我們資助英國國民健保署的法律抗爭，讓英國國民健保署得以進行實驗；我們也資助了PrepSter，幫助民眾可於海外購買合法的非專利暴露愛滋病毒前預防性投藥藥物。成果是新感染案例出現急遽改善，但直到不再有人受到感染前，我們都無法鬆懈，這可以成真，只要我們了解疾病、除去汙名、知道自己的狀況並採取適當療程。

31 | 民眾以使用過的針頭向政府或單位換取新的針頭，以預防愛滋並以此作為針頭使用人數參考。

右圖 | 大衛 · 弗尼西及丈夫艾爾頓 · 強爵士，第十九屆國際愛滋病會議的愛滋紀念拼布於華盛頓特區國家廣場展示時，兩人一同前往參觀，攝於二〇一二年七月。

文 化 ： 電 影

德國社運者馬格努斯‧赫希菲爾德參與了全世界首部明確支持同性戀的電影，一九一九年《與眾不同》（*Different From The Others*）講述兩名音樂家間的愛情故事，因壓抑的時代而註定悲劇。一九六八年，好萊塢惡名昭彰的《海斯法典》（*Hays Code*）自我審查制度廢除後，美國第一部檢視同性戀生活的電影《樂隊男孩》於一九七〇年上映，是劇作家馬特‧克勞利的名作。當時法典只允許「性變態」的負面描寫，雖是自我厭惡的痛苦敘述，並不像精神錯亂的同性戀寓意般灰暗。接下來五十年的電影史中，描寫LGBTQ之作都有不可抹滅的成功與失敗之處。

一九七〇年代

石牆事件數年後，同性戀導演及劇作家們紛紛開始訴說LGBTQ的故事。約翰‧史勒辛格（John Schlesinger）執導的電影：一九六九年《午夜牛郎》（*Midnight Cowboy*）及一九七一年《血腥的星期天》（*Sunday Bloody Sunday*）中均有同性戀、雙性戀角色。而在一九七二年改編自克里斯多福‧伊薛伍德小說的音樂劇《酒店》（*Cabaret*），以雙性戀為主角的故事大獲好評，抱回八項奧斯卡大獎。一九七一年《粉紅水仙》（*Pink Narcissus*）導演詹姆斯‧彼得古德（James Bidgood）、一九七四年《你我他她》（*Je Tu Il Elle*）導演香妲‧艾克曼（Chantal Akerman）、一九七五年《不自然的六幕喜劇》（*A Comedy in Six Unnatural Acts*）導演簡‧奧森伯格（Jan Oxenberg）、一九七六年《塞巴斯提安》導演德瑞克‧賈曼、一九七二年《佩特拉的苦淚》（*The Bitter Tears of Petra Von Kant*）導演雷納‧韋納‧法斯賓達（Rainer Werner Fassbinder），這些電影人都做出重大貢獻。而一九七一年沃荷執導的電影《女人解放》（*Women In Revolt*）及一九七八年法斯賓達執導的《十三個月亮的一年》（*In a Year of 13 Moons*）敘述了跨性別者的生活，主流懸疑片《熱天午後》（*Dog Day Afternoon*）中則有克里斯‧莎蘭登（Chris Sarandon）飾演的跨性別女性角色。

一九七二年，第一部細膩描述同性戀的電視電影上映了：《那個夏天》（*That Certain Summer*），講述一個父親向年輕的兒子出櫃，曾有人建議異性戀主演哈爾‧霍爾布魯克（Hal Holbrook）不要參演這部電影，他說：「我在許多節目飾演劇中人物時，曾搶劫銀行、綁架幼童、強暴女性、謀殺他人，而現在我要扮演一個同性戀者，卻被視為演藝生涯的終結。我的天哪！我們到底活在怎樣的文化裡！」一九七八年英國電影《夜鷹》（*Nighthawks*）揭露了倫敦男同性戀者的生活。一對經營夜店同性戀伴侶的喜劇電影《鳥籠》，是一九七八年法國票房第二高的電影，至今仍是美國極受歡迎的外語電影。

上圖｜一九七〇年改編自百老匯經典之作《樂隊男孩》的演員陣容，馬特‧克勞利編劇，威廉‧佛烈金（William Friedkin）執導。

一九八〇年代

主流觀眾仍然接收到LGBTQ族群的負面描述。一九八〇年，由艾爾·帕西諾（Al Pacino）主演的《虎口巡航》（Cruising），敘述同志圈出了一個連環殺人犯，以及關於女同性戀跟蹤狂的《窗》（Windows，電影的副標題是：「有人喜歡艾蜜莉……非常喜歡。」），兩部電影都引發抗議。LGBTQ觀眾經常在戲院遭受侮辱——一九八五年電影《十八歲之狼》（Teen Wolf）就是好萊塢普遍恐同的最好例子，「如果你說你是同性戀，我不覺得我可以接受」，其中一個角色對他的好朋友這麼說，由米高·福克斯（Michael J Fox）扮演的角色回覆：「我不是同性戀，我是狼人！」

但是正向的曙光會緩緩顯露。一九八五年電影《愛的甘露》（Desert Hearts）是突破性的女同代表作，但同年電影《紫色姊妹花》及一九九一年電影《油炸綠番茄》（Fried Green Tomatoes）皆淡化了原著小說中的女同主題。

一九八五年電影《早霜》（An Early Frost）、一九八六年電影《離別秋波》（Parting Glances）以及一九八九年電影《愛是生死相許》（Longtime Companion）都以愛滋病為主題，但並未成為轟動之作。真正有所改變的是一九九三年電影《費城故事》（Philadelphia），也打造出兩位世界級巨星：湯姆·漢克斯（Tom Hanks），飾演老闆因他患有愛滋而開除他的主角，以及丹佐·華盛頓（Denzel Washington），飾演為主角訴訟的律師。

藝術電影如一九八五年《豪華洗衣店》（My Beautiful Laundrette）、一九八七年《墨利斯的情人》（Maurice）、一九八八年《同性三分親》、一九八五年《蜘蛛女之吻》（Kiss of the Spider Woman）都非常成功，威廉·赫特（William Hurt）更以《蜘蛛女之吻》抱回奧斯卡金像獎最佳男主角——鑑於仍有許多同性戀演員尚未出櫃，這些同志電影也挑起憤怒，像哈維·菲爾斯坦（《同性三分親》的編劇及演員）一樣受到刻意忽視。一九八九年電影《尋找蘭斯頓》（Looking for Langston）揭露一九二〇年代紐約哈林文藝復興[32]時期的黑人同性戀經歷。

32 | 反種族歧視的文化運動。

上圖 | 十年改變了什麼？這是威廉·佛烈金繼一九七〇年代同志電影《樂隊男孩》後的下一部作品《虎口巡航》，主演艾爾·帕西諾飾演紐約同志圈殺手的追查者。

下圖 | 海倫·薛佛（Helen Shaver）、派翠西亞·夏邦諾（Patricia Charbonneau）、奧德拉·林德利（Audra Lindley）出演（當時）罕見對女同性戀正向描述的經典電影《愛的甘露》，改編自珍·魯爾（Jane Rule）同名小說。

安迪 · 沃荷

　　當代極富影響力的名人之一，就是一九二八年出生於賓州匹茲堡的安德魯 · 沃霍拉（Andrew Warhola）。一九四九年移居紐約後以商業藝術家為業，沃荷融合了藝術感知與蓬勃發展的廣告商業價值。一九六〇年代，沃荷創造了全新的藝術運動，也就是今日我們熟知的普普藝術。沃荷旗下的演員、模特兒、表演者、貌美的名人都聚集於他的工作室「工廠」，他創造出嶄新的視覺語言，運用於電影以及他喜愛的媒體——網版印刷之上。沃荷透過作品公開表達他的性向，以充滿愛意又感性的角度描繪歷史上特定時期的男性形象，震驚了當時的藝術界。工廠是他旗下「超級巨星」們的避難所，其他酷兒藝術家、跨性別女性及變裝皇后成為沃荷作品中的固定班底，經常出現在他的電影裡。一手打造出世界知名的《內幕雜誌》（Interview），他認為：「未來，每個人都有十五分鐘的成名機會」，有些人認為他是藝術界墮落的罪魁禍首，並引出一個充滿虛華名人的世代，然而也有人認為他是當代的藝術天才。一九八七年，沃荷因膽囊手併發症於紐約逝世，享年五十八歲。

約翰 · 華特斯與迪凡

　　一九六〇年代晚期，兩名傑出的同性戀藝術家出現在美國馬里蘭州巴爾的摩（Baltimore）郊區。約翰 · 華特斯（John Waters）中斷了紐約大學（NYU）的電影課程，因為學校著重於藝術電影，而不是他熱愛的那種空洞、誇張的電影。他的幼時好友、髮型造型師哈里斯 · 格倫 · 米爾斯特德（Harris Glenn Milstead）非常喜歡變裝，華特斯幫他取名為「迪凡」（Divine），他出演華特斯的電影，以及巴爾的摩表演公司的表演者，也就是後來的夢境者（Dreamlanders）。

　　華特斯第一部電影作品是一九六九年的《殘酷實錄》（Mondo Trasho），接著是一九七二年《多重瘋狂》（Multiple Maniacs），其中有同性戀者接吻及迪凡從肛門取出一串念珠的畫面。一九七二年《粉紅火鶴》（Pink Flamingo）將華特斯及迪凡推向次文化巨星地位，尤其電影中迪凡吃了狗屎——真的狗屎，事後他非常後悔。隨後兩人持續推出一系列著名且非常低俗的作品。

　　一九八一年，以變裝身分巡迴劇院演出後，迪凡推出第一張迪斯可唱片《生來低賤》（Born to Be Cheap），其中有廣為流傳的高能量電子舞曲〈Shoot Your Shot〉及〈You Think You're

上圖｜安迪 · 沃荷及他的超級巨星。攝於一九七一年，工廠。照片中從左至右為：荷莉 · 伍德勞恩、賈姬 · 柯蒂斯（Jackie Curtis）、喬 · 達里桑德羅（Joe Dallesandro）、珍妮 · 福斯（Jane Forth）。
下圖｜哈里斯 · 格倫 · 米爾斯特德（Harris Glenn Milstead）的迪凡（Divine）舞臺人格與約翰 · 華特斯（John Waters）。攝於一九七五年，紐約。
右頁｜一九七四年《女人的煩惱》（Female Trouble）電影海報，由約翰 · 華特斯執導，迪凡主演。

A Man）。華特斯與迪凡的合作關係在一九八八年到達顛峰，電影《髮膠明星夢》（Hairspray）講述一九六〇年代美國一個過胖女孩和母親一同帶領種族融合革命的故事。《髮膠明星夢》帶給米爾斯特德夢寐以求的機會，證明他確實是一個演員。但電影上映後三週，就在他準備去客串廣受喜愛的情境喜劇《凡夫俗妻妙寶貝》（Married With Children）前，格倫 · 米爾斯特德死於心臟病，年僅四十二歲。約翰 · 華特斯於一九九〇年推出《哭泣寶貝》（Cry Baby）、一九九四年《瘋狂殺手俏媽咪》（Serial Mom），二〇〇三年《髮膠明星夢》成為風靡百老匯的音樂劇，並由好萊塢推出重新製作的電影版，華特斯與迪凡成為電影界最偉大的名人。約翰 · 華特斯至今仍生活於巴爾的摩。

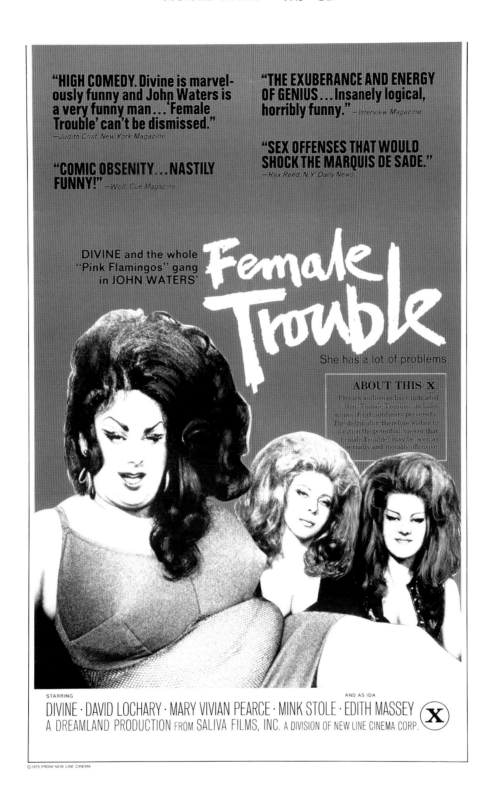

「我不是要說些什麼，我只是想給人們愉快的時光，讓他們笑笑⋯⋯
知道他們的錢也可以有令人驚喜的價值。」

約翰・華特斯

一九九〇年代

隨著一九九〇年代到來，一九九〇年意義深遠的紀錄片《巴黎在燃燒》（Paris Is Burning）上映，記錄下創造出「時尚舞風」（voguing）的非裔與拉丁裔孩童，如何擺脫貧困及被邊緣的人生。一九九一年，英國電影《靈慾潮騷》（Young Soul Rebels）闡述了一九七〇年代晚期倫敦性別及種族議題的緊張氛圍。一九九二年電影《亂世浮生》（The Crying Game）是跨性別電影的重大突破，雖然也因煽情的內容而飽受批評。一九九二年《夜夜夜狂》（Les Nuits Fauves）由西瑞爾‧柯拉（Cyril Collard）自編自導自演之作，敘述雙性戀男性與HIV病毒共存的故事，然而這部法國自傳性電影並未受到主流觀眾的掌聲。《夜夜夜狂》最終抱回三座法國凱薩電影獎（César Awards），就在柯拉死於愛滋病相關併發症三天後。

一波憤怒、年輕的酷兒電影人浪潮襲來，以一九九一年葛斯‧范‧桑的《男人的一半還是男人》（My Own Private Idaho）為代表，引出一系列新世代酷兒電影，包括一九九一年陶德‧海恩斯（Todd Haynes）的《毒藥》（Poison）、一九九二年湯姆‧卡林（Tom Kalin）的《奪魄》（Swoon）、一九九二年葛瑞格‧荒木（Gregg Araki）的《末日記事》（The Living End）及一九九三年《全搞砸了》（Totally Fucked Up）、一九九三年理查‧葛拉薩（Richard Glatzer）的《苦藥》（Grief），以及一九九四年羅絲‧崔奇（Rose Troche）及吉尼維爾‧特納（Guinevere Turner）的《我女朋友的女朋友》（Go Fish），恰當且真實地表達女同性戀者的生活並贏得許多獎項。輝煌的十年以最受喜愛的女同電影終結：傑米‧巴比特（Jamie Babbit）的《戀戀模範生》（But I'm A Cheerleader）。

同性戀者在電影中的角色有了重大轉變，他們從殺手變成丑角。一九九三年票房第二高的電影《窈窕奶爸》（Mrs Doubtfire），哈維‧菲爾斯坦及史考特‧卡帕羅（Scott Capurro）飾演羅賓‧威廉斯（Robin Williams）的化妝師手足及他的助手。這是第一次同性戀者參與了歡樂的場面，而不再是受害者。一九九四年《沙漠妖姬》（The Adventures of Priscilla, Queen of the Desert）、一九九五年《豔倒群雌》（To Wong Foo, Thanks for Everything! Julie Newmar）及《你愛他》（Jeffrey）、一九九六年《鳥籠》（The Birdcage）、一九九七年《新郎向後跑》（In & Out），當中皆有LGBTQ角色，詼諧逗趣不可怕，尤其《鳥籠》及《新郎向後跑》在美國影史上都有極高地位。

一九九五年《雙姝奇戀》（The Incredibly True Adventure of Two Girls in Love）、一九九六年《驚世狂花》（Bound）及《西瓜女郎》（The Watermelon Woman）皆由非裔女同性戀者雪莉爾‧多耶（Cheryl Dunye）自編自導，他的作品將女同主題推向另一個層次。

一九九六年《愈愛愈美麗》是第一部讓同性戀觀眾痴迷的電影，一九九八年《眾神與野獸》（Gods and Monsters）讓伊恩‧麥克連獲奧斯卡金像獎最佳男主角提名，導演比爾‧坎登（Bill Condon）也抱回最佳改編劇本獎。一九九九年西班牙導演阿莫多瓦（Almodóvar）執導之作《我的母親》（All About My Mother）大獲好評，他以開創性思維描繪跨性別者及愛滋患者的生活，贏得生涯第一座奧斯卡最佳導演獎。

一九九七年金球獎得獎作品《玫瑰少年》（Ma Vie en Rose）及一九九九年《男孩別哭》（Boys Don't Cry）中，同樣刻劃了跨性別者的生活，將跨性別恐懼症暴露在全球觀眾面前。這些電影都為後續的電影奠下基礎，如二〇〇一年《搖滾芭比》（Hedwig and the Angry Inch）及二〇〇五年《窈窕老爸》（Transamerica）。

上圖｜《巴黎在燃燒》，一九九〇年紀錄片，燈光打在紐約變裝酒吧舞池，打造時尚感，由珍妮‧李文絲頓執導（Jennie Livingston）。

右圖｜魯妮‧瑪拉（Rooney Mara，左）及凱特‧布蘭琪（Cate Blanchett）於二〇一五年賣座電影《因為愛你》（Carol）中飾演情侶，由陶德‧海恩斯執導，改編自派翠西亞‧海史密斯小說《鹽的代價》。

二〇〇〇年代

隨著千禧年到來，無論是小型或主流工作室都加入更多LGBTQ相關內容，有些作品非常傑出，例如二〇〇二年《同志死亡事件》講述馬修‧謝巴德的故事；LGBTQ浪漫喜劇作品也非常討喜，如二〇〇一年《誰吻了潔西卡》（*Kissing Jessica Stein*）、二〇〇〇年《情迷伊甸園》（*Big Eden*），但品質並沒有非常穩定。

二〇〇五年，傑克‧葛倫霍（Jake Gyllenhaal）及希斯‧萊傑（Heath Ledger）出演李安執導的《斷背山》（*Brokeback Mountain*），橫掃奧斯卡多項獎項，只差沒抱回最佳影片獎，但無可否認是第一部以男同性戀者為主題且成功打入主流文化的

電影。三年後，二〇〇八以美國男同性戀政治家哈維‧米爾克為主角的電影力作《自由大道》，讓編劇達斯汀‧蘭斯‧布萊克（Dustin Lance Black）贏得奧斯卡最佳原創劇本獎，飾演主角的西恩‧潘則贏得最佳男主角獎。另一部電影就沒有受到太多主流關注，二〇〇九年哈維爾‧富恩特斯－萊昂（Javier Fuentes-León）執導的秘魯電影《暗擁》（*Undertow*），敘述已婚男子與男藝術家的外遇，在二〇一〇年日舞影展（Sundance Film Festival）戲劇類中，贏得世界電影觀眾選擇獎（World Cinema Audience Award）。

二〇一〇年代

最近十年，LGBTQ電影推出得又多又快。我們可以看到二〇一一年寫實派電影《愛在週末邂逅時》（*Weekend*）及二〇一七年《春光之境》（*God's Own Country*）、二〇一五年劇情片《深擁一世情》（*Holding the Man*）、二〇一三年引發爭議的《藍色是最溫暖的顏色》（*Blue is the Warmest Colour*）、二〇一〇年輕鬆喜劇《性福拉警報》（*The Kids Are All Right*）及二〇一五年陶德‧海恩斯執導、備受觀眾喜愛的《因為愛你》。真實事件改編的劇情片《驕傲大聯盟》（*Pride*），描述一九八〇年代英國的同性戀權益運動；二〇一一年備受讚賞的《賤民》（*Pariah*）將有色人種的LGBTQ族群生活搬上大銀幕；二〇一五年《夜晚還年輕》（*Tangerine*）是以跨性別者為主題的喜劇，二〇〇八年則有描述跨性別男性的紀錄片《還是黑人》（*Still Black*），以及派翠克－伊恩‧波爾克（Patrik-Ian Polk）的作品，多是敘述黑人LGBTQ的故事，包括二〇〇〇年《龐克》（*Punks*）、二〇一二年《慾望六人行》（*The Skinny*）及二〇一四年《黑鳥》（*Blackbird*）。二〇一六年國際一致好評的《月光下的藍色男孩》，為編劇塔瑞爾‧艾爾文‧麥卡尼贏得最佳改編劇本獎，並且終於有一部以黑人、同性戀為主題的電影於二〇一七年抱回奧斯卡最佳影片獎。

二〇一七年智利電影《不思議女人》（*A Fantastic Woman*）贏得奧斯卡最佳外語片獎，主演丹妮拉‧維加（Daniela Vega）本身就是跨性別者，在電影中飾演跨性別角色；同年法國電影《*BPM*》則紀錄下巴黎ACT UP愛滋病倡議團體的運動史。二

〇一七年《以你的名字呼喚我》（*Call Me by Your Name*）空前成功，歸功於出演明星的號召力——和多汁的蜜桃。二〇一八年青春浪漫喜劇《親愛的初戀》（*Love, Simon*）是石牆酒吧常客永遠無法想像會看到的劇情，今日無數年輕LGBTQ觀眾都非常喜愛。二〇一八年《她的錯誤教育》（*The Miseducation of Cameron Post*）由LGBTQ的盟友克蘿伊‧摩蕾茲（Chloë Grace Moretz）監製及主演，同年《被抹滅的男孩》（*Boy Erased*）呈現了LGBTQ青年接受所謂「迴轉治療」[33]造成的傷害。二〇一八年，克里斯多福‧歐諾黑（Christophe Honoré）以其執導電影《喜歡你、愛上你、逃離你》（*Sorry Angel*），於坎城（Cannes）抱回路易德呂電影大獎（Louis Delluc Prize）。

隨著LGBTQ的電影形象已從平面刻畫、沒有溫度的殺手，到令人反感但有時詼諧的配角，到令人同情的刻板角色，再到刻劃細膩的故事主角，訴説以LGBTQ族群、組織為核心的故事，電影像一面鏡子反映了社會觀感。最終，這面鏡子中的形象開始顯露真實。

33 | conversion therapy，也稱作扭轉療法、性傾向治療。讓同性戀或雙性戀者轉為異性戀的精神療法。

LGBTQ電影導覽

十大跨性別主題電影

《忘記她是他》（*Different for Girls*，一九九六）
《玫瑰少年》（*Ma Vie en Rose*，一九九七）
《甜過巧克力》（*Better Than Chocolate*，一九九九）
《冥王星早餐》（*Breakfast on Pluto*，二〇〇五）
《窈窕老爸》（*Transamerica*，二〇〇五）
《成為查茲》（*Becoming Chaz*，二〇一一）
《裝扮遊戲》（*Tomboy*，二〇一一）
《我愛你愛她》（*Boy Meets Girl*，二〇一四）
《夜晚還年輕》（*Tangerine*，二〇一五）
《不思議女人》（*A Fantastic Woman*，二〇一七）

有色人種LGBTQ角色的十部電影

《巴黎在燃燒》（*Paris is Burning*，一九九〇年，紀錄片）
《西瓜女郎》（*The Watermelon Woman*，一九九六）
《還是黑人》（*Still Black: A Portrait of Black*，二〇〇八）
《噯妹》（*Circumstance*，二〇一一）
《賤民》（*Pariah*，二〇一一）
《我的惡魔兄弟》（*My Brother the Devil*，二〇一二）
《苦楚我名》（*Call Me Kuchu*，二〇一二，紀錄片）
《慾望六人行》（*The Skinny*，二〇一二）
《黑鳥》（*Blackbird*，二〇一四）
《月光下的藍色男孩》（*Moonlight*，二〇一六）二〇一五）

男同性戀者的十大好片

《同性三分親》（*Torch Song Trilogy*，一九八八）
《愈愛愈美麗》（*Beautiful Thing*，一九九六）
《情迷伊甸園》（*Big Eden*，二〇〇〇）
《避風港》[34]（*Shelter*，二〇〇七）
《愛在週末邂逅時》（*Weekend*，二〇一一）
《驕傲大聯盟》（*Pride*，二〇一四）
《愛情的模樣》（*The Way He Looks*，二〇一四）
《娜姊背後的男人》（*Strike a Pose*，二〇一六）
《春光之境》（*God's Own Country*，二〇一七）
《親愛的初戀》（*Love, Simon*，二〇一八）

女同性戀者的十大好片

《雙妹奇戀》（*The Incredibly True Adventure of Two Girls in Love*，一九九五）
《同窗的愛》（*Show Me Love*，一九九八）
《戀戀模範生》（*But I'm A Cheerleader*，一九九九）
《誰吻了潔西卡》（*Kissing Jessica Stein*，二〇〇一）
《托斯卡尼豔陽下》（*Under the Tuscan Sun*，二〇〇三）
《面子》（*Saving Face*，二〇〇四）
《同心難改》（*I Can't Think Straight*，二〇〇八）
《性福拉警報》（*The Kids Are All Right*，二〇一〇）
《甜過頭》（*Mosquita y Mari*，二〇一二）
《怦然心動的節拍》（*Hearts Beat Loud*，二〇一八）

34 | 編注：又譯《欲蓋弄潮》。

佩德羅・阿莫多瓦（Pedro Almodóvar）

這位西班牙裔電影人創造出獨樹一格的黑色喜劇風格，
通常以LGBTQ為主題，於主流電影圈享有盛譽。作品中
經常有性格堅毅的女性角色，及富同情心、能激勵人心
的跨性別角色。代表作品包括一九八八年成名作《瀕臨
崩潰邊緣的女人》（*Women on the Verge of a Nervous
Breakdown*），此片獲提名奧斯卡最佳外語片獎，又以
一九九九年《我的母親》贏回奧斯卡金像獎、金球獎、
英國影藝學院電影獎（BAFTAs）三座最佳外語片獎，
以及二〇〇四年《壞教慾》（*Bad Education*）、二〇
一一年《切膚慾謀》（*The Skin I Live In*）。

德瑞克・賈曼

多方位發展的藝術家賈曼自一九七〇年代起就是社
運者、革命者，也是英國無政府主義的反政府者，
直到一九九四死於愛滋病相關疾病。他的第一部
電影是一九七六年《塞巴斯提安》，被視為第一
部公開支持同性戀者的英國電影，於全國電視播映
時遭受極大的爭議。他是公然反對第二十八號條
款及柴契爾政府的人，其作品包括一九七八年《龐
克狂歡城》（*Jubilee*）、一九八六年《浮世繪》
（*Caravaggio*）、一九八七年《英倫末路》（*The
Last of England*）及一九九三年《藍》（*Blue*）。

世界LGBTQ藝術電影

《同窗的愛》（*Show Me Love*，瑞典，一九八八）
《囍宴》（*The Wedding Banquet*，臺灣，一九九三）
《夢幻天堂》（*Heavenly Creatures*，紐西蘭，一九九四）
《電影中的同志》（*The Celluloid Closet*，美國，一九九五，紀錄片）
《狂野青春》（*À Toute Vitesse*，法國，一九九六）
《男情難了》（*Lilies*，加拿大，一九九六）
《神父同志》（*Priest*，英國，一九九六）
《基場戀事多》（*Regular Guys*，德國，一九九六）
《生命中不能承受之情》（*Bent*，英國，一九九七）
《春光乍洩》（*Happy Together*，香港，一九九七）
《王爾德與他的情人》（*Wilde*，英國，一九九七）
《城市邊緣》（*From the Edge of the City*，希臘，一九九八）
《愛的初體驗》（*Get Real*，英國，一九九八）
《高檔貨》（*High Art*，加拿大／美國，一九九八）
《男歡女愛》（*Man is a Woman*，法國，一九九八）
《三人天堂》（*The Trio*，德國，一九九八）
《軍中禁戀》（*Beau Travail*，法國，一九九九）
《在夜幕降臨前》（*Before Night Falls*，美國，二〇〇〇）
《巧克力男孩》（*Drôle de Félix*，法國，二〇〇〇）

澳洲LGBTQ電影

《赤裸騙術》（*The Naked Bunyip*，一九七〇）
《純真的謊言》（*The Getting of Wisdom*，一九七七）
《診所》（*The Clinic*，一九八二）
《他不怪，他是我兒子》（*The Sum of Us*，一九九四）
《沙漠妖姬》（*The Adventures of Priscilla, Queen of the Desert*，一九九四）
《愛的路上五個人》（*Love and Other Catastrophes*，一九九六）
《親愛的怪物》（*Monster Pies*，二〇一三）
《出櫃父母在偶家》（*Gayby Baby*，二〇一五）
《試觀此人》（*Ecco Homo*，二〇一五，紀錄片）

最上圖｜一九九九年奧斯卡獲獎作品西班牙電影《我的母親》（西班牙原文：Todo
Sobre Mi Madre）。
上圖｜革命電影人、藝術家、社運者德瑞克・賈曼（中），於OutRage!示威運動
中。攝於一九九一年。
左頁上圖｜喬治斯・杜・弗雷納（Georges Du Fresne）於一九九七年電影《玫瑰少
年》中飾演跨性別青少年，由亞蘭・貝利內執導（Alain Berliner）。
左頁下圖｜張國榮與梁朝偉演出一九九七年電影《春光乍洩》，由王家衛執導。
下頁｜夏隆（崔范坦・羅德〔Trevante Rhodes〕飾）向凱文（安德烈・荷蘭
〔André Holland〕飾）示愛。二〇一六年大放異彩的電影《月光下的藍色男孩》，
贏得二〇一七年奧斯卡金像獎最佳影片獎、最佳男配角獎、最佳改編劇本獎。

女 同 復 仇 者

史多玖‧德拉維利於紐奧良一九二四年平安夜出生，父親是白人，母親是黑人。他有亮眼、如雕像般美麗的外貌，一九五五年至一九六九年間參與珠寶盒歌舞變裝秀在美國巡迴演出，扮演變裝國王。[35] 石牆事件當晚德拉維利也在場，現已無法確定是誰掀起暴動，但很多人說是一個男性化的女同性戀者。有人說就是德拉維利，他自己也這麼說。

在一次專訪中他說：「有一個警察對我說：『走啊，娘娘腔』，他覺得我是男同性戀。」德拉維利說：「我回他：『我不走！你不准碰我！』說完那個警察推了我一把，我本能地揍了他的右臉，他流血了，接著倒在地上——但不是我推的。」

與他相伴二十五年的伴侶黛安娜死於一九七〇年代，後來幾年內德拉維利因石牆事件參與者而備受尊崇，在各個女同酒吧擔任門房，包括知名酒吧Cubbyhole，他會在格林威治村附近巡邏，檢查每個地點以確保沒有任何「髒東西」混進來。很多人將德拉維利視為「女同界的羅莎‧帕克斯」，[36] 成為女同驕傲運動及權力的象徵，也是非裔美國人及性別認同不一致者遭LGBTQ主流歷史抹殺的證據。

LGBTQ權益運動中，男同性戀者與男同組織的角色，在其歷史敘事中一直被賦予高於他者的地位。女同性戀者必須同時面對恐同與性別歧視，不僅來自LGBTQ族群以外，有時候甚至來自內部。然而，許多專屬女同的團體已經克服偏見，成為這場運動的象徵，甚至是核心角色。女同重機隊（Dykes on Bikes）由索尼‧沃爾夫（Soni Wolf）創立於一九七六年，女同性戀者騎著機車領著舊金山驕傲遊行的隊伍，從歐洲到加拿大、從澳洲到以色列，他們成為驕傲遊行中很受歡迎的一部分（有些人認為團名有爭議）。[37] 從一九七〇年代至一九八〇年代，女同性戀的女性主義運動嚴厲批判異性戀常規性及男性至上思想，也成為當代女性主義的關鍵。

儘管有很多男同性戀與女同性戀在LGBTQ平權運動中諸多分歧的文章，女同性戀者總是衝在第一線的事蹟卻很少傳播出去，例如先前提過的愛滋病危機、為男同性戀兄弟發聲、反對第二十八號條款等。

上圖｜有色女同遊行，於洛杉磯西克里斯多福街驕傲遊行中。攝於一九七九年。
下圖｜男女同性戀權益運動第二次全國遊行於華盛頓舉行，一對情侶身著燕尾服。攝於一九八七年。
右頁｜史多玖‧德拉維利，被認為是石牆事件中勇於反抗警察的女同性戀者，他大聲呼籲，刺激人群朝警車丟石頭，攝於一九八六年，紐約。

35｜女性穿著男性服飾，以男性形象出現。
36｜Rosa Parks，黑人民權運動社運者，被譽為現代民權運動之母。
37｜Dyke意為女同性戀者，帶有濃厚歧視意味。

一九九二年，女同性戀復仇者（Lesbian Avengers）於紐約成立，旨在增加女同性戀的曝光度。他們發起行動及倡議運動，抗議學校厭女、恐同的課程以及政治界的恐同症。該組織最為人所知的成就就是組織了第一場正式的女同遊行，在此之前舉辦過兩場即興遊行。一九八一年五月加拿大溫哥華，兩百名女同性戀者在女同性戀會議外舉辦自發性遊行。十月，女同權益組織（Dykes Against the Right）在加拿大多倫多發起一樣的遊行。第一場正式的女同遊行於一九九三年四月二十四日舉行，有超過兩萬名女同性戀者參與，就在華盛頓舉辦同性及雙性戀平權自由遊行（March on Washington for Lesbian, Gay and Bi Equal Rights and Liberation），百萬LGBTQ人士上街抗議不平等的前一天。這場活動揭開序幕，有愈來愈多女同遊行如雨後春筍般在全世界展開，通常在男同性戀驕傲遊行前舉辦。

儘管LGBTQ族群中，男同性戀者仍持續占有主導地位，英國卻有愈來愈多高知名度女性出櫃，包括電視節目製作人桑蒂·托斯柯維（Sandi Toksvig）、蘇·帕金斯（Sue Perkins）、克萊爾·鮑爾丁（Clare Balding）；運動員妮古拉·亞當斯（Nicola Adams）；政治家露絲·戴維森（Ruth Davidson）、安琪拉·伊格爾（Angela Eagle）；石牆組織執行長露絲·亨特（Ruth Hunt）；演員兼模特兒卡拉·迪樂芬妮（Cara Delevingne）。西班牙政治家安吉利斯·阿爾瓦雷斯（Ángeles Álvarez）公

開抗議性別暴力，而演員兼前西班牙小姐派翠西亞·尤里娜（Patricia Yurena）則成為全世界第一個出櫃的選美冠軍。法國前世界網球冠軍亞梅莉·莫瑞絲摩（Amélie Mauresmo）於一九九九年十九歲時出櫃，詞曲寫作人艾洛伊斯·萊提希爾（Héloïse Letissier），藝名克莉絲汀和皇后（Christine and the Queens），承認其泛性戀身分，二〇一四年憑藉首張專輯一炮而紅。比利時電影工作者香妲·艾克曼不願被性向定義，以其藝術電影《珍妮德爾曼》（Jeanne Dielman, 23 quai du Commerce, 1080 Bruxelles）聞名，被視為先驅者。

美國有很多具影響力的已出櫃女性，包括運動明星瑪汀娜·娜拉提諾娃（Martina Navratilova）；歌手梅麗莎·埃瑟里奇；演員茱蒂·佛斯特（Jodie Foster）、莎拉·保羅森（Sarah Paulson）、珍·林奇（Jane Lynch）；喜劇演員汪達·塞克絲（Wanda Sykes）；電視節目主持人瑞秋·梅道（Rachel Maddow）、羅賓·羅伯茨（Robin Roberts），當然還有世界最有影響力的LGBTQ人士——艾倫·狄珍妮（Ellen DeGeneres）。

上圖｜男同性戀權益遊行間，女同性戀復仇者於白宮示威抗議。攝於一九九三年四月。超過五十萬LGBT社運者及家人參與史上最大的LGBTQ族群聚會。

左頁｜一名示威者帶活動標語出席一九九三年華盛頓特區舉辦破紀錄的男同性戀權益遊行。

盟 友

朋友與家庭

一九六八年，年輕的男同性戀學生莫提·曼福特是哥倫比亞大學（Colombia University）男同性戀學生社團的創辦人之一。三年後，參與石牆事件後一次政治餐會上，莫提因發送傳單遭到殘暴攻擊且遭警方逮捕。

他的母親珍（Jeanne）聽到消息後，寫了一封滿懷怒火的信給《紐約郵報》，當時是一九七二年，人們大多以有同性戀孩子為恥，這種做法相當激烈。珍陪著兒子參加六月的驕傲遊行，手持標語：「同性戀的父母：團結起來支持我們的孩子吧」，他說他受寵若驚：「年輕人過來擁抱我、親吻我、激動尖叫，問我是否願意和他們的父母談談。」於是珍和老公朱爾斯（Jules）決定創辦一個團體，正如他所說：「要建立同性戀與異性戀社會的橋梁」。這個團體叫做「同性戀的父母」（Parents of Gays），第一次會議吸引二十人前來參加。

莫提成為紐約州檢察長助理，一九八六年推動通過重要的同性戀權益法案。一九九二年五月莫提死於愛滋病相關疾病，年僅四十一歲。珍到二〇一三年逝世，享壽九十歲，但是他創立的團體，現稱為同志家屬親友會（Parents, Families and Friends of Lesbians and Gays），如今是最大的美國LGBTQ親屬團體，幫助無數父母與孩子團結在一起。聯盟團體擴展到十五個國家，包括英國、中國、拉丁美洲、以色列。

珍象徵著經常被忽略、又至關重要的事：盟友。推動沃芬登報告為法案的約翰·沃芬登爵士及國會議員里歐·阿伯斯都是異性戀者。一九八九年，一名由健康照護體系照顧年輕男性從高樓停車塔頂樓跳下死亡後，從異性戀家庭成長的凱西·霍爾（Cath Hall），在英國創立了亞伯特甘迺迪信託（Albert Kennedy Trust）。過去五十年間也有許多異性戀者，雖然不及想像的多，也提供重要援助及支持。

好萊塢名人也率先響應愛滋病危機。伊莉莎白·泰勒（Elizabeth Taylor）主持了第一場洛杉磯愛滋病募資活動，並捐出款項創立伊莉莎白·泰勒愛滋病基金會。他孜孜不倦，三任總統皆相形見絀，對抗愛滋在三屆任期中都做得不夠，他也讓雷根總統首度開口論及愛滋病。嘉麗·費雪（Carrie Fisher）、瓊·瑞佛斯、麗莎·明內利（Liza Minnelli）、莎朗·史東（Sharon Stone）、貝蒂·蜜勒（Bette Midler）都在首波集結之列。一九九一年，洛杉磯愛滋病救濟會（AIDS Benefit Los Angeles）上，蜜勒說：「我不像其他人一樣開始躲進比佛利山莊，幾乎所有和我一起出櫃的人都已經死了。」

上圖｜珍·曼福特與兒子、同性戀社運者莫提·曼福特，參與一九七二年克里斯多福街解放日遊行，也是現在紐約驕傲遊行的前身。當時創立了同志家屬親友會，是第一個且規模最大為男女同性戀者、跨性別者、酷兒人士父母、親屬和盟友組成的組織。

右頁｜貝蒂·蜜勒，在知名酒吧大陸浴場（Continental Baths）表演，一間位於紐約的同性戀浴場，他是最早表示支持HIV患者及愛滋病患者的名人。攝於一九七二年。

黛安娜王妃捍衛同性戀權益，引來英國保守派報紙《星期日郵報》（Mail on Sunday）主編約翰·朱諾（John Junor）將他貼上「雞姦守護者」的標籤。

李察·吉爾曾演出一九七九年《生命中不能承受之情》舞臺劇，他有一個同性戀兄弟。瑪丹娜也有同性戀兄弟，還有同性戀摯友死於愛滋病，他打破文化藩籬，將同性戀文化推入主流，在作品中描繪同性主題，大聲發表對恐同症的看法。

許多名人都曾對同性戀支持者說過客套話，但也有一些人付諸行動。凱莉·米洛就是率先於同志俱樂部、互助會表演的明星，近年辛蒂·露波、麥莉·希拉（Miley Cyrus）及女神卡卡（Lady Gaga）都創辦慈善基金會以幫助LGBTQ青年。亞莉安娜·格蘭德（Ariana Grande）和英國樂團混合甜心（Little Mix）一樣大力支持自己的同性戀支持者。

歐普拉·溫芙蕾（Oprah Winfrey）經常在自己的電視節目上討論LGBTQ議題，並於艾倫·狄珍妮在其節目《艾倫秀》中出櫃當集，飾演他的心理醫師。英國第四頻道自一九八二年開播以來始終走同志友善路線，播放同志作品及製作原創劇集《同志亦凡人》（Queer As Folk）。美國影集《黃金女郎》（Golden Girls）演員碧·亞瑟（Bea Arthur）為LGBTQ流浪青年大力發聲，丹尼爾·雷德克里夫（Daniel Radcliffe）也曾為LGBTQ青年自殺防治組織特雷弗專案（Trevor Project）拍攝公共服務宣傳片。

饒舌歌手麥可莫（Macklemore）在二○一四年葛萊美獎（Grammys）頒獎典禮時，演唱他所寫的同性婚姻頌歌〈平等之愛〉（Same Love），歌手皇后·拉蒂法（Queen Latifah）及瑪丹娜也擔任婚禮歌手為許多邁入婚姻的同性情侶獻唱；以及二○一七年，澳洲激烈的同婚公投前夕，麥可莫於澳洲橄欖球聯盟（Australian National Rugby League）決賽時再度演出。

上圖｜瑪丹娜一直是名人盟友中有力的角色之一，運用他極大的名氣大聲反抗恐同，也在自己的作品中加入LGBTQ元素，例如一九九一年金髮雄心（Blond Ambition）巡迴演唱會的紀錄片《真實與挑戰——與瑪丹娜共枕》，向支持者展現同志文化，他的巡迴演出中許多貼身舞者都是同性戀（如圖）。

右頁｜歌手辛蒂·露波有一個同性戀妹妹，他也是同性戀與娛樂產業的盟友之一，為無家可歸的LGBTQ孩童開辦真實的色彩（True Colors）基金會，以及相關音樂劇《長靴妖姬》（Kinky Boots）。照片中是辛蒂·露波於二○○六年於芝加哥舉辦的第七屆同志運動會（Gay Games）閉幕典禮演出。

有LGBTQ兄弟姊妹而表達支持的名人：	有LGBTQ孩子的名人：
派翠西亞、羅珊娜、大衛·艾奎特一家人（Patricia, Rosanna and David Arquette）	華倫·比提與安妮特·班寧（Warren Beatty and Annette Bening）
葛斯·布魯克（Garth Brooks）	成龍（Jackie Chan）
莉娜·丹恩（Lena Dunham）	迪克·錢尼（Dick Cheney）
克里斯·伊凡（Chris Evans）	雪兒（Cher）
柯林·法洛（Colin Farrell）	莎莉·菲爾德（Sally Field）
亞莉安娜·格蘭德（Ariana Grande）	魔術·強森（Magic Johnson）
安·海瑟薇（Anne Hathaway）	安·萊絲（Anne Rice）
亞當·李維（Adam Levine）	斯碧爾·謝波德（Cybil Shepherd）
瑪莉·麥特林（Marlee Martin）	芭芭拉·史翠珊（Barbra Streisand）
凱文·史密斯（Kevin Smith）	以賽亞·湯瑪斯（Isiah Thomas）
	葛蘿莉亞·范德比爾特（Gloria Vanderbilt）
	愛麗絲·沃克（Alice Walker）

文 化 ： 電 視

在美國電視節目中首度出現的同性戀角色大多是一晃而過的配角，且總是會引發爭議。異性戀電視節目製作人諾曼‧李爾（Norman Lear）值得讚許，他創造了美國電視史上第一個同性戀角色——一九七一年情境喜劇《一家子》（All in the Family）中，某一集的主角史帝夫；一九七五年首次出現跨性別角色，美國無線電視CBS情境喜劇《傑佛遜一家》（The Jeffersons）中，一名黑人跨性別女性角色；一九七五年第一對男同性戀情侶出現在極短篇情境喜劇《炎熱的巴爾的摩》（Hot L Baltimore）中。

一九七二年美國廣播公司（ABC）情境喜劇《角落酒吧》（The Corner Bar）是第一個有特別描述且常設同性戀角色的節目，一個名叫彼得的設計師，但這個角色被同性戀行動聯盟批評過於呆板，節目中的笑話多有恐同傾向。由馬丁‧辛及哈爾‧霍爾布魯克主演的電視電影《那個夏天》是較正向的詮釋，獲得六項艾美獎提名，抱回一座獎項。一九七七年美國廣播公司推出爭議性成人題材情境喜劇《肥皂》（Soap），比利‧克里斯托（Billy Crystal）飾演同性戀固定角色喬迪‧達拉斯（Jodie Dallas），這部劇一直播出至一九八一年。

一九七〇年代起，英國電視圈才開始慢慢注意到LGBTQ族群，推出《性的改變》（A Change of Sex）三部紀錄片，記錄下

轉變時期的跨性別女性茱莉亞‧格蘭特（Julia Grant），其他跨性別主題的影集還有《我是誰？》（What Am I?），以及英國獨立電視臺（ITV）關於男同性戀的紀錄片《男性性事》（Male Sexuality）。但真正對英國電視圈造成影響的是肥皂劇。

一九八二年，備受讚譽的編劇兼電視製作人菲爾‧雷德蒙德（Phil Redmond）將嚴肅的社會議題帶入兒童戲劇《格蘭奇山》（Grange Hill），也將第一個同性戀角色戈登‧柯林斯（Gordon Collins）帶入英國肥皂劇《布魯克賽德》（Brookside）中，於英國第四頻道播出。一九九四年，該劇中由安娜‧佛芮（Anna Friel）飾演的貝絲‧佐爾達赫（Beth Jordache），因為一個出乎意料的吻發現他是同性戀，劇情讓媒體瞬間分為兩派，一派憤

怒、一派欣喜——這是一個轉折點，英國電視史上第一個在晚上九點前出現的女同性戀之吻。

　　一九八五年，英國備受喜愛的肥皂劇《東區人》（*EastEnders*），由製片人茱莉亞·史密斯（Julia Smith）及同志編劇東尼·霍蘭德（Tony Holland）攜手製作，一九八六年這部劇集第一次出現同性戀角色時《太陽報》頭條是：「東區人彎了！」，該角色是由麥克·卡什曼飾演的柯林·羅素（Colin Russell）。儘管八卦小報打出如此譁眾取寵的頭條，有一個男同性戀者每週會在英國家家戶戶中出現兩次，仍帶來巨大的正向影響。

　　雖然英國肥皂劇有所進展，但美國電視圈的LGBTQ相關內容仍沒有進步。迷人且精緻的肥皂劇《朝代》（*Dynasty*）自一九八一年第一集播出就有同性戀角色史帝文·卡靈頓（Steven Carrington），被認為是黃金時段中出現的第一個同性戀角色，但製作人仍保留了他與女性發生關係的橋段，使得原本的演員退出該劇組。史帝文在第二季回歸，由新的演員飾演——換了新面孔的解釋是鑽油臺的意外火災造成燒傷而換臉。

　　另一個表現手法極具突破性的電視劇集《羅斯安的家庭生活》（*Roseanne*），由女演員羅斯安·巴爾（Roseanne Barr）主演的高收視情境喜劇，從一九八八年推出持續至一九九七年，其中就有同性戀角色里昂（Leon），羅斯安的老闆，以及由珊卓拉·伯恩哈德（Sandra Bernhard）飾演的友人南西（Nancy）。這部劇集表現手法非常傑出，包括羅斯安聚集男性脫衣舞者、粉紅三角標誌[38]、里昂婚禮上的紅鶴[39]—— 雖然他拒絕了。

　　一九九三年，美國第四頻道及公共電視臺（PBS）翻拍了亞米斯德·莫平的《城市故事》，其中有男同性戀、雙性戀、跨性別的主角，可說是LGBTQ在電視圈的里程碑（網飛宣布將重新製作此劇並於二〇一九年播出，由蘿拉·琳妮〔Laura Linney〕、奧林匹亞·杜卡琪斯〔Olympia Dukakis〕、艾倫·佩姬〔Ellen Page〕演出）。

38｜前文提到納粹用來區分男同性戀囚犯的標示，參頁九十三。

39｜紅鶴有象徵同性戀愛情的意義。

左頁｜《同志亦凡人》。電視出品人羅素·戴維斯（Russell T Davies）推出熱門的電視劇集，開闢出新天地，引發全世界回響。美國有線電視Showtime製作了美國版，於二〇〇〇年至二〇〇五年播出（如圖）。

上圖｜一九九七年艾倫·狄珍妮極受歡迎的《艾倫》同名劇集〈小狗集〉中向蘿拉·鄧恩出櫃。這一集引發大眾強烈反彈，評價也大受影響，最終導致《艾倫》被迫收場，鄧恩的職業生涯也連帶受影響。

上圖 | 《拉字至上》是Showtime推出的熱門影集,也是第一部以女同性戀為主角的劇集,於二〇〇四年至二〇〇九年播出。

左圖 | 二〇一八年網飛實境秀《酷男的異想世界》中的酷男五人組,改編自精采電視臺的同名實境秀。

右頁 | 跨性別演員拉維恩·考克斯以《勁爆女子監獄》劇集開創新天地,該劇於二〇一三年網飛平臺播出,轟動一時。

一九九〇年代,製作人紛紛在美國幾個最受歡迎的劇集裡加入同性戀角色,雖然都是一些小配角,例如《霹靂警探》(Hill Street Blues)、《急診室的春天》(ER)、《洛城法網》(LA Law)、《我的青春期》(My So-Called Life)。

但真正的分水嶺是一九九七年艾倫·狄珍妮出演同名劇集《艾倫》時,本人與劇中角色一起出櫃。一九九七年美國廣播公司播出代號為〈小狗集〉時,艾倫迷上劇中蘿拉·鄧恩(Laura Dern)飾演的角色,因此發現自己是同性戀,無預警地透過機場公共廣播系統公開出櫃。他參與《歐普拉秀》(Oprah Winfrey Show)時分享這個消息,艾倫以個人及公眾身分出櫃引發極高關注及爭議。艾倫的節目被批評「太同性戀化」,評價逐漸低落,最終收場。雖然如此,那層封印仍然被撕破了。

一年後,美國國家廣播公司(NBC)在劇本上走了一步險棋,故事關於一個同性戀律師和他的女性摯友,由同性戀編劇麥克斯·麥特許尼克(Max Mutchnick)及異性戀編劇大衛·柯漢(David Kohan)共同執筆,靈感汲取自前年大受歡迎的電影《新娘不是我》(My Best Friend's Wedding)中飾演茱莉亞·蘿伯茲(Julia Roberts)同志密友的魯伯特·艾瑞特(Rupert Everett),同時他們也注意到《艾倫》處理同性戀議題沒有章法,還不如專注於喜劇演出上。雖然一開始評價褒貶不一,《威爾與葛蕾斯》(Will & Grace)仍然打入龐大的主流市場,衝擊文化現象。多年後,美國副總統喬·拜登(Joe Biden)曾說,「這部劇帶給美國大眾的教育,遠比以往任何人做的任何事都來多。」

大西洋另一端,英國第四頻道播出編劇羅素·戴維斯作風大膽、不計毀譽的《同志亦凡人》,這是有史以來最具爭議性、幾乎是義無反顧的同志作品。回響相當熱烈,美國也翻拍了美國版,由有線電視臺Showtime製作,二〇〇〇年播出至二〇〇五年。《同志亦凡人》啟發了很多作品,如二〇〇四年至二〇〇九年的《拉字至上》(The L Word),為女同作品跨出很大一步。二〇〇五年二月六日,艾莉森·格拉克(Alison Glock)在《紐約時報》的評論寫道:「在《拉字至上》之前,女同性戀鮮少出現在電視上。」此時,女同性戀、男同性戀、雙性戀角色出現在

電視節目上已是屢見不鮮，但跨性別觀眾仍在等待跨性別角色現身。

二○○三年，美國精采電視臺（Bravo）製作《酷男的異想世界》（Queer Eye for the Straight Guy），讓五名男同性戀者重新塑造異性戀男性，凸顯男同性戀者天生就比男異性戀者更懂時尚的刻板印象。非常老調重彈，沒錯，但無可否認的是這種陳述比罪犯或受害者形象更受歡迎，甚至一度成為常態。二○一八年網飛重新製作《酷男的異想世界》，成功轉換了既定印象，成為目前播出的節目中最溫暖人心、賺人熱淚的實境秀。五位主持人以自身為例，向來賓（來自各種族群，有自認是「鄉巴佬」的湯姆，到半出櫃但仍在掙扎的AJ）及觀眾展現如何以真實的自我得到快樂——通常會出現很感性的結局。

《同志亦凡人》第二季及雙性戀主題戲劇作品《鮑伯與蘿絲》（Bob and Rose）都非常成功，英國廣播公司邀請羅素‧戴維斯擔任新系列科幻作品《超時空博士》的導演。戴維斯加入了酷兒元素，開創分水嶺的衍生劇《火炬木小組》（Torchwood），由約翰‧巴洛曼（John Barrowman）飾演同性戀外星人。二○一七年，《超時空博士》有了第一個同性戀伙伴，尤其它被認為是兒童節目，背後意義重大。

二○○九年變裝界傳奇魯保羅（RuPaul）在《魯保羅變裝皇后秀》（RuPaul's Drag Race）中出櫃，這是一個競賽式真人實境秀，起初於Logo同志頻道播出。原本以為是華而不實、耍嘴皮的節目，但意外地感人、真摯且揭露許多議題，讓總以女性面貌出現的酷兒男性能以真面目示人。二○一九年，該節目贏得九項艾美獎，成為LGBTQ族群最喜歡的節目。

二○一三年，《勁爆女子監獄》（Orange is the New Black）首播，講述美國監獄裡來自不同族群女性的故事，已成為串流影音平臺巨頭網飛上最多人收看的原創劇集，也讓莉雅‧迪拉莉兒（Lea DeLaria）成為第一個在美國深夜節目出櫃的喜劇演員，得到他應得的關注，同時打造出另一個明星，公開跨性別身分的演員拉維恩‧考克斯（Laverne Cox）。

隔年，亞馬遜工作室（Amazon Studios）推出自己的原創影集《透明家庭》（Transparent），由吉兒‧索洛威（Jill Soloway）製作，關於有跨性別父親家庭的故事。《透明家庭》大受歡迎，引發跨性別及非二元性別（酷兒）接受度的廣大討論，播出後碰巧搭上凱特琳‧詹納（Caitlyn Jenner）以跨性別身分出櫃話題。熱門肥皂劇《東區人》也加入了第一個由雷利‧卡特‧米林頓（Riley Carter Millington）飾演的跨性別角色。

網飛及其他串流平臺崛起意味著從今往後會有更廣大、多樣的觀眾，希望看到更多LGBTQ內容及角色。義大利網路劇《G&T》，描述從小到大的朋友朱利歐（Giulio）及托馬索（Tommaso）發展成情侶的故事，在YouTube上點閱率超過九千一百萬次（許多劇迷為此劇翻譯超過十種的語言字幕）。網飛已經開始製作更多有LGBTQ角色的喜劇、戲劇、紀錄片，或由LGBTQ製作人的作品，包括漢娜‧蓋茲比（Hannah Gadsby）的脫口秀《漢娜‧蓋茲比：最後一擊》（Nanette）、青少年超自然驚悚劇集《莎賓娜的顫慄冒險》（Chilling Adventures of Sabrina）、《超感八人組》（Sense8）、《打不倒的金咪》（Unbreakable Kimmy Schmidt）、《性愛自修室》（Sex Education）。

宗教：杜洛‧派瑞牧師

LGBTQ專屬的大都會社區教會創辦人

我在佛羅里達長大，成長於美南浸信會（Southern Baptist）家庭。從小他們就告訴我，如果我是同性戀並且出櫃，上帝就不再愛我了，一開始我也這麼相信，我想：「我的教會告訴我上帝會不愛我，那一定是真的。」但我年紀很小的時候就受到感召，學習如何成為神職人員。

我十八歲時去找我的牧師，告訴他我有一些「奇特的感受」，當時我是這麼說的，因為我不知道同性戀這個詞。他說：「我的天哪，我知道你想告訴我什麼。你現在要做的事就是和一名女性結婚，就可以解決你的問題了。」——於是我娶了他的女兒。我們結婚五年，育有兩個孩子，但我們決定離婚。內心的拉扯仍未解除，我加入美軍，在海外待了兩年。再次回到家時，第一次和一名男性陷入熱戀，那是我人生中最好也最壞的六個月。他想公開我們的關係，但我不願意，於是他從我的生活中消失了，我試圖結束自己的生命，但謝天謝地，室友強行打開我的房門並將我送醫。就是在那裡，有一名非裔美國人護理師跟我說：「我不知道你為什麼這麼做，這很蠢，我也做過這種事。」然後他說：「有人可以跟你談談嗎？你不能再想想嗎？」他點醒了我。回到家我躺在床上，想著今晚之前發生的種種，內心洋溢著喜悅，我說：「上帝啊，你不能愛我，但我仍是同性戀，這是無法改變的事實。」即使過了五十年我仍然記得，上帝用很細微的聲音說：「杜洛，我愛你，我沒有繼子也沒有繼女。」於是我知道我可以是同性戀，也可以是基督教的信徒。

我又開始約會，我在洛杉磯的酒吧，我的約會對象因為在酒吧裡拍了朋友的屁股而被捕。回到我家後，他哭著說沒有人在乎他，我說我和上帝都在乎你，他說我騙他、怎麼可能，他十五歲時就無法參與主日學，因為牧師怕他會玷汙其他孩子。

那一晚我祈禱：「好吧，上帝，我想我找到適合我的工作了。如果你想看到一個教會，可以向男女同性戀族群張開臂膀，歡迎所有人加入，就告訴我適合的時機吧。」

接著一個微弱的聲音說：「現在。」

我買了《倡導》雜誌的一個廣告，上面寫著：「一九六八年十月六日，杜洛‧派瑞牧師將在家發表演說。」有十二個人聚集在我的客廳，我們成長得很快，十八個月內就有超過一千人加入，很快集資到第一份資產。

我們相信基督教的社會行動，馬上著手進行。我們開設食物儲藏室，讓飢餓的人吃得飽，讓沒有衣服穿的人穿得暖：耶穌怎麼做，我們就怎麼做。我也開始帶領示威遊行，當然也遇到阻礙，LGBTQ族群裡有人希望我不是牧師，但他們發現我有能力，並組成一個最大的組織。在這個最大的組織裡，天哪，每個人都有意見，如潮水般湧入：「你不能又是基督徒、又是同性戀！」我一一和每個人爭論，他們萬萬沒想到我如此熱愛《聖經》，他們引用一句，我可以回十五句！他們朝我臉上吐口水，也有人打我巴掌，還有人想謀殺我，我都一一走過了，也曾受邀到白宮討論同性戀權益。

比爾‧柯林頓待我非常好。我曾是仇恨犯罪的代表，曾受邀參與第一場白宮舉辦的愛滋病大會，也曾和總統柯林頓、副總統高爾（Gore）共進早餐。我和我的伴侶也曾受總統歐巴馬之邀，到白宮參與石牆事件四十週年紀念，我非常榮幸，但也有許多人想對我造成各種傷害。我們其中一間教會遭到燒毀，八名牧師遭殺害。

今日，基督教的絕大多部分都備受人們喜愛，而大都會社區教會中，像我一樣的人遇到他們或和他們說話，無疑是在挑戰他們的信念。聯合循道會（United Methodist Church）、五旬節教派（Pentecostals）、美南浸信會仍在傳授同性戀不可與真理共存，聯合基督教會（United Church of Christ）接受LGBTQ族群，但只有百分之四十五自由派教會這麼做。即使是一神派教會，也只有一半不到的教會歡迎且承認LGBTQ。爭論不休，議論不止。即使天主教會的神父也經常告訴人們，同性戀並不是你認為的那種問題，但官方說法從未變過，你還是必須躲在衣櫃裡，而教會能給的、也是最無用的建議就是繼續躲在衣櫃裡。特別在我的國家裡，隨著基要主義及福音主義出現，基督教中一些偽善者、神職人員因為各種罪行遭逮捕。今日我看到年輕人認為自己的信仰屬於精神層面而非宗教層面，我能理解，而我一再地提醒人們，不要當假基督徒，當你走上說謊的道路，你跟著說同性戀是一種罪，而你卻有同性戀之實，我不會想和你同流合汙。

我會告訴所有年輕人，上帝愛你。《聖經》裡說，上帝知道

你來自母親的子宮，如果上帝從我在媽媽子宮裡時就知道我，上帝就會知道我長大後是什麼樣的大人。出櫃、找到自己是可以發生在你身上最最神奇的事，就像又一次出生在世界上。你接受上帝愛你的事實，就可以留在教會裡，為教會做出改變。但你必須勇於發聲、大聲說出口，除了你自己，別讓別人定義你，這是作為同性戀，也是基督徒的忠告，我也會向跨性別者說：做自己。再說一次，別讓別人定義你。我對我們的政府相當失望，我不知道他們在做什麼。瘋狂的總統說跨性別者不能於軍隊服役——他們早就在軍隊裡了，他們還怕什麼？和他們相關的言論太多了。

我們才剛慶祝完我創立的大都會社區教會五十週年慶，看著這一切感到非常欣慰。我們在這麼短的時間裡完成這麼多事，二十八歲時我創立了這個教會，如今在三十七個國家都有我們的分支。很多事都已經改變——或直到這位總統上任之前。我看著我們的教會，非常感激過往的一切。

下圖｜杜洛‧派瑞牧師見證一對同性伴侶結為連理，攝於一九七二年。一九六八年他創立了大都會社區教會，歡迎且專屬於LGBTQ的教會，當然也歡迎任何想加入的人。

「出櫃、找到自己是可以發生在你身上最最神奇的事，就像又一次出生在世界上。」

杜洛‧派瑞牧師

宗教：黛博拉・布琳拉比

首波公開出櫃的女性拉比

我十九歲、大學二年級那年時出櫃，那段時間很煎熬，人們會給你《寂寞之井》，讓人沮喪又害怕。當時有女性音樂運動，其中很多人都是女同性戀者，例如克莉絲・威廉森（Cris Williamson）和梅格・克莉絲汀（Meg Christian），他們就像我的避風港。

我長大後，女孩及女人仍無法在猶太社會中有自己的地位。我們接近猶太講壇（bimah，猶太教會的中心）的方式有限，也不能閱讀《妥拉》（Torah，猶太經典）。當時我剛完成大學學業，對此非常憤怒，我決定去拉比學校。我有一種很強烈的動力，想改變些什麼。

為了去讀拉比學校，我必須躲回衣櫃，因為他們不接受公開同性戀身分的學生。一九八六年畢業後，我的第一份工作在多倫多猶太教堂（Congregation Darchei Noam）。我是該國唯一的女性拉比，在北美也只有十個拉比有自己的會堂，我因此得到許多關注。我悄悄地出櫃了，向會眾及教會，一切都非常順利。我是第一個得到續約的同性戀拉比，沒有被開除。

但是我和伴侶決定辦互許儀式時，我們天真地邀請了一些會眾。消息傳得很快，人們感到失望。教會中的某些人無法容忍公開身分的女同性戀，職場關係搞砸了，所以我辭職了。我寫了一封信給會眾，交給《加拿大猶太新聞》（The Canadian Jewish News），故事很快也傳遍北美。

那時是一九九二年，頭條是：「女同拉比因環境壓力被迫辭職」，事情完全攤在陽光下了，我已經失去工作，我想我的人生和職業生涯都毀了，感覺體無完膚，沒有未來，當時我才三十六歲。我在一些會議上遇到別人，他們會説：「噢，對，我知道你是誰。」

但馬上我就從困境中解脫，我和伴侶分手，搬到新墨西哥州阿爾伯克基（Albuquerque），沒多少人認識我，我又可以重新開始了。我可以從裡到外地做自己，我不用去面對「他們知道我嗎？他們不知道吧？」這種情緒，完全解放了我，可以好好做自己。

還是很難找工作，我教過希伯來文、當過臨終關懷教士、曾在養老院工作，但是當我在格林內爾學院（Grinnell College）找

到工作後，事情就不同了，我在那裡可以出櫃。我記得一個高年級學生看到我時非常興奮，他曾在書裡看過我的名字，一九九七年蕾貝卡・阿爾伯特（Rebecca Albert）所寫的《逾越節餐桌上的麵包：猶太女同性戀及傳統的轉變》（Like Bread on a Seder Plate: Jewish Lesbians and the Transformation of Tradition）。我開始發現我可以幫助別人，我可以為想成為拉比、在學校苦苦掙扎的人帶來改變，其中有些人是我的良師益友，如今也有自己的會眾。

我很高興地説，解放的猶太世界如今已大不相同。現在我遇到的人一定無法想像，一個人可能會因為是同性戀而被拉比學校開除，現在都不是問題了。革新重建運動後，跨性別者也開始接受任命，現在這些議題的關注度愈來愈高了。通常神學院會先採取行動，但是會給猶太社會一點時間習慣這個新改變。社會已經愈來愈能接受跨性別拉比，雖然仍然是一場艱苦的奮鬥，就像一開始的我們一樣。日子會一天天變好。

回想過往，我確實非常以自己為傲，以曾經的自己為傲，以為了保有自我努力奮鬥為傲——我有勇氣活出最棒的人生。這是一段成為我自己的旅程，能夠成為改變猶太世界的傑出人士中的一員，其中有太多很棒的人，他們是伙伴、是老師、是女同性戀或男同性戀，同時也是強而有力的盟友，從來就不只是自己。回想過去的時候我有巨大的滿足感，這確實是一趟很棒的旅程。

上圖｜ 黛博拉・布琳拉比，猶太世界中首波出櫃的女同性戀（也是首位女性）拉比，攝於一九八六年。

右頁｜ 阿西法・拉合爾，英國首位「穆斯林變裝皇后」，現為跨性別倡議者，攝於二○一八年。

真人實事

宗教：阿西法・拉合爾

支持多元交叉、種族、性別、宗教的社運者，
同時也是「英國第一個出櫃的穆斯林變裝皇后」。

成長過程中，我不得不去壓抑我看到的事情。在亞洲社會裡，我聽到恐同人士的辱罵，但我不發一語。而星期五的晚上，我在同志酒吧裡聽到恐伊斯蘭或種族言論時，我還是不發一語。某種層面上，我恨自己不屬於那些人。不管是穆斯林還是LGBT族群，我總是覺得不能同時擁有這兩種身分。

大學時我和另一名穆斯林同性戀男孩談戀愛，我向父母出櫃，從此天崩地裂。我被帶去看家庭醫生——我必須說，雖然他是亞洲人，但他支持我。他說這是天性，家人必須接受這件事，我的家人並不知道「同性戀」這個詞，或者背後的意義。他們想或許伊瑪目[40]可以解決，他要我禁欲或建議我結婚，事情變得非常糟，我記得我去泰晤士河（River Thames）邊，想跳河自殺，但我不能這麼做，而且我和巴基斯坦的表妹有婚約。我陷入深深的憂鬱，成績也一落千丈。我的老師發現事情不太對勁，他們關心我，我崩潰之下就向他們坦白——謝天謝地，這就是轉捩點。LGBTQ機構成為我諮詢及尋求支持的對象，我遇到其他LGBTQ穆斯林，他們要我接納自己，我就是一個多元交叉性的人，我必須為自己的每個部分感到驕傲。我回到父母身邊，向他們說不，我不會和表妹結婚，我要和我的男朋友結婚。那是相當艱難的時刻，最終他們仍改變了想法。

這是我人生中的歡慶時刻，我和自己的認知和解了。我參加變裝偶像競賽，也就是在這場比賽得到「英國第一個出櫃的穆斯林變裝皇后」的頭銜。我開始製作YouTube影片，開辦我的俱樂部之夜，創造討論的空間和話題。第四頻道拍了一個關於我的紀錄片，叫《穆斯林變裝皇后》（Muslim Drag Queens），點閱率超過一百一十萬。很多人因此注意到我，我也因此收到四面八方的死亡威脅，以及網路上鋪天蓋地的謾罵，甚至驚動了警察，他們必須在我身邊保護我。

變裝現身為我開啟另一扇門，兩年前我以跨性別身分出櫃。我的婚姻告終，但人們都相當支持我，改變性別的過程很順利，也很幸運享有出入境特權，可以回到巴基斯坦，出席表親的婚禮。年輕人和年長的阿姨們將我視為名人，儘管這些年來我一直與眾不同。

然而，伊斯蘭整體仍然政治化，仍然不可能接受同性戀或任何異己的「他者」。前伊朗總統艾馬丹加（Mahmoud Ahmadinejad）說：「噢，伊朗並沒有很多同性戀者。」學者希望人們認為LGBTQ族群只存在於西方世界，東方世界沒有同性戀，但隨著社群媒體崛起，有些事昭然若揭，不證自明。

即使如此，我仍相信心胸寬大的穆斯林是多數。如果你是來自南亞的穆斯林，就知道大多數人對跨性別的態度非常開放，穆斯林世界中並不少見，但你必須仍表現得像男性或女性。如果你想成為女性，行為就必須像女性，看起來像女性，扮演女性的角色。非常死板，但是可以容忍的範圍。

現在的伊斯蘭是這樣，少數LGBTQ會勇於對大眾發聲，只要能建立對話，就會有更多人願意接納異己。在巴基斯坦，一半的人抱持開放態度，他們只想自在地生活。於是，你必須面對另一半保守群眾，他們反對這個國家有任何改變，抗拒社群媒體及網路。

但只要涉及到與宗教保守面發生爭論或企圖挑戰宗教，自由派就會退縮，一旦涉及宗教，就可能被視為褻瀆神明，他們真的可能會被殺。這種情況在西方世界較少，東方卻很常見。穆斯林社會中的自由派不會談論此事，我相信自由派是多數，但我不認為穆斯林社會可以充分保護自由派，這是令人遺憾的現實。

即使在英國，很多LGBT穆斯林仍無法出櫃。有些人像我一樣，但大多數人仍躲躲藏藏，過著非常隱蔽的生活。幾年前，有一個人在俱樂部會員資料中填上電子信箱，他說：「我很樂意收到電子郵件而不是簡訊，比較不會被我的妻子和小孩看到。」那是一個英國出生的亞洲穆斯林男性，年紀三十出頭。這些思想仍根深蒂固。

讀到此處的穆斯林年輕人，我想說：現在是你們的時刻，你們活在可以發聲的時代，你可以選擇保持沉默，或選擇以某種方式發聲，絕對不要低估你話語的力量，即使透過社群媒體，話語也會被放大。穆斯林社會之外，也有很多人支持我們。

今日，我很開心是一個英國人、穆斯林、跨性別者、LGBTQ、變裝皇后表演者，同時我也是法定盲。[41]我是非常獨特的人，多數日子裡我都是活力十足地起床過日子，我愈接受自己就愈快樂。

40｜Imam，伊斯蘭的宗教教長。
41｜美國以法定盲界定是否符合社福資格，法定盲並非全盲，其視力表現約等同臺灣定義之低視能者。

驕 傲 從 軍 去

很多國家禁止或曾禁止LGBTQ族群加入軍隊。

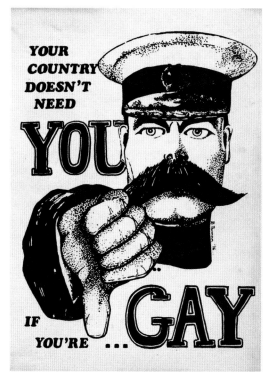

傷害了軍隊，也摧毀生命。二〇一七年凱西‧畢德科姆（Keith Biddlecombe）告訴《態度》雜誌，一九五六年他二十歲時曾是皇家海軍成員之一，被發現與其他男性同床後，他被送往馬爾他（Malta）軍人監獄。在逼供之下，他告訴軍方曾和另一名軍人發生性行為，該名軍人遭捕時開槍自盡。

在英國，當社運者呼籲修法讓社會更能接納LGBTQ族群時，媒體和資歷深的高階軍官都表現得非常焦慮。實施十年後（一九九九年末至二〇〇〇年起），大眾普遍認為改變並無不妥。現在，英國LGBTQ軍隊參與遊行，並從中招募新成員，驕傲遊行和新的招募方式都在展現多樣性，鼓勵人們不要隱藏真實的自己。

一九七五年，空軍上士李奧納德‧馬特洛維奇（Leonard Matlovich），因曾參與越戰而獲紫心勳章，[42] 狀告空軍在他出櫃後解聘他的職務，最終雙方和解，此事件讓他登上《時代》（Time）雜誌封面，成為美國出名的男同性戀者之一，也成為全國關注的議題。一九八八年，馬特洛維奇死於愛滋病相關併發症。

非裔美國籍男同性戀者佩瑞‧瓦金（Perry Watkins）儘管已公開性向，仍於一九六七至一九六八年間受美軍徵召。他的性向從來不是祕密，他一再提出申請解除調查，「每次他們打開我的檔案，他們會說：『這個人是同性戀，但他的表現堪稱楷模。』」直到一九八一年，他已成為中士，美軍才終於解除佩瑞的身家調查。後來他將美國政府告上法院，並接受重新任命，於軍隊中服務至一九八四年。期間他持續訴訟，一九八八年法院裁定他確實受到不合理待遇——這是美國法院第一次反對美國軍隊對男女同性戀的禁令。佩瑞得到晉升、拿回應有待遇、完整的賠償及榮譽退休，由於他後來選擇不再回到軍隊服務。之後佩瑞表示，因為他是黑人以及對性行為的態度開放，有時甚至變裝現身，他覺得自己在對抗軍隊禁令的抗爭中被抹去了。一九九六年，佩瑞因愛滋病相關併發症逝世，年僅四十七歲。雖然佩瑞採取的決定相當具歷史意義，但軍方策略進展卻相當緩慢。

42 | 美軍的榮譽勳章，頒發給對戰事有貢獻或在戰事中負傷的士兵。

左上圖 | 美軍訓練手冊中針對同性戀的應對措施，二〇〇一年由五角大廈向軍隊發布。

右上圖 | 同性戀平權運動海報。一九七六年發行。

右頁 | 佩瑞‧瓦金將美軍告上法院，抗議軍中的男女同性戀禁令。

一九九三年，美國總統比爾‧柯林頓公開保證男女同性戀者將不再因同性戀遭解聘，遭到龐大的反對聲浪，最終妥協於「不問，不說」政策。意味著於軍隊服役的士兵不會再因為同性性行為而被解除職務──只要不公開，反之公開性向的同性戀者將不在此限，也不能於軍隊服務，因為「對於道德標準、良好秩序及原則將造成無法承擔的風險，而部隊凝聚力就是整體軍隊能力的根本。」

一時之間，「不問，不說」政策好像往前邁出一大步，卻成為往後二十年間緊繃選戰中的焦點。

中尉丹尼爾‧崔（Daniel Choi）曾參與伊拉克戰爭，當時是步兵軍官，之後加入紐約陸軍國民衛隊（New York Army National Guard）。為了抗議「不問，不說」政策，二〇〇九年他於《瑞秋梅道秀》（The Rachel Maddow Show）中出櫃，旋即遭軍隊解聘。他開始一場激烈的抗爭，把自己鎖在白宮大門上以及絕食抗議，因此成為抗議「不問，不說」政策的代表人物。

二〇一一年，時任美國總統歐巴馬廢除「不問，不說」政策，他說：「今日起，愛國的美國軍人無需再為了服務所愛的國家而隱瞞身分……我們的軍隊不會再錯過這麼多擁有傑出技能及豐富經驗的男女同性戀軍官。」「不問，不說」政策實施期間，有超過一萬四千五百名美國軍人因同性戀身分失去工作。

二〇一七年，美國總統川普表示將限制跨性別者於美國軍隊服務，因而引發國際憤怒。二〇一八年，因司法阻力，白宮表示服役軍官不會因此被解聘，但必須根據「出生性別」於軍隊服務，給五角大廈裁量權，但將由法院定案。

截至二〇一八年允許男女同性戀、雙性戀者於軍隊服務的國家（同時允許跨性別者則標註「跨」）

阿爾巴尼亞	芬蘭（跨）	波蘭
阿根廷	法國（跨）	葡萄牙
澳洲（跨）	德國（跨）	羅馬尼亞
奧地利（跨）	希臘	俄羅斯
巴哈馬	愛爾蘭	塞爾維亞
比利時（跨）	以色列（跨）	新加坡
百慕達	義大利	斯洛維尼亞
玻利維亞（跨）	日本	南非
巴西	立陶宛	西班牙（跨）
保加利亞	盧森堡	瑞典（跨）
加拿大（跨）	馬爾他	瑞士
智利	荷蘭（跨）	臺灣
哥倫比亞	紐西蘭（跨）	泰國
克羅埃西亞	北韓	英國（跨）
捷克（跨）	挪威（跨）	美國
丹麥（跨）	秘魯	烏拉圭
愛沙尼亞（跨）	菲律賓	

上圖｜美國總統巴拉克‧歐巴馬於二〇一一年九月解除「不問，不說」政策，眾人為之欣喜。

左頁｜丹尼爾‧崔二〇〇六年至二〇〇七年間加入美軍於伊拉克服務，二〇〇九年於《瑞秋梅道秀》中出櫃，抗議「不問，不說」政策。

婚　姻

一九七〇年，石牆事件隔年，美國學生理查・貝克（Richard Baker）及詹姆斯・麥可・麥康諾（James Michael McConnell）將明尼蘇達州亨內平縣（Hennepin County）一名公務員告上法院，因為他拒絕接受兩名男性的結婚申請。法院判他們敗訴，兩年後明尼蘇達州最高法院也同樣維持判決。一場同性婚姻的抗戰就此開始。

一九七九年，荷蘭跨出第一步，他們開始「未登記同居」制度，全世界首個賦予同性伴侶微弱權利的國家。一九八四年於加州柏克萊（Berkley）市政府任職的利蘭・特萊曼（Leland Traiman）與湯姆・布魯漢（Tom Brougham）為該市通過新政策，率先創造「同居伴侶」一詞；一九八五年西好萊塢開創登記伴侶制度，是美國第一個落實制度的城市。

一九九六年，一份恐同法案定義婚姻建立於一男一女之間，稱為《捍衛婚姻法案》（The Defense of Marriage Act，簡稱DOMA），由比爾・柯林頓總統頒布。

部分國家如法國、德國等國家確實有法律保障。一九九九年，法國開始實施同性伴侶之民事伴侶結合法（PACS）；德國的同性伴侶可以獲得幾乎同等於異性伴侶的權益——直至二〇〇一年才完全一致。同年，荷蘭成為全世界第一個同性婚姻合法化的國家，二〇〇三年比利時也通過了，接著是二〇〇五年西班牙及加拿大，二〇〇六年南非成為第五個通過同性婚姻的國家。

上圖｜二〇一七年，數千人聚集於澳洲雪梨市政廳，支持政府預定的婚姻法郵寄調查。調查內容為：「是否該修法同意同性伴侶合法結婚？」百分之六十一點六的人投同意票。

右頁｜艾迪絲・溫莎（Edith Windsor）成功讓美國最高法院推翻《捍衛婚姻法案》第三章，攝於二〇一三年。

左上｜博德·門德（Bode Mende）及卡爾·克雷勒（Karl Kreile）簽下結婚證書，成為德國第一對合法同性夫妻。攝於二〇一七年，柏林。

右上圖｜荷蘭同性夫妻在阿姆斯特丹市長喬布·柯恩（Job Cohen）證婚後，一起切結婚蛋糕。攝於二〇〇一年。

下圖｜愛爾蘭公投結果通過同性婚姻，眾人歡慶。攝於二〇一五年，都柏林。愛爾蘭成為第一個由公民公投同性婚姻議題的國家——百分之六十二點三贊成同性婚姻。

千禧年後，英國布萊爾政府開始廢除恐同法，社運者們似乎幸運得很，將同性婚姻斥為奢侈品彷彿蔚為風潮，但事實上，缺乏伴侶權益是毀滅性的災難。令人驚悚的場景不少，例如一對女性伴侶其中一人死後，另一半被趕離他們共同居住三十年的家；有一對男性伴侶，其中一人車禍重傷，另一半被擋在病房外無法探視，諸如此類層出不窮。

接著《民事伴侶法》（*Civil Partnership Act*，二〇〇四）投票通過。第一場結婚儀式於二〇〇五年十二月舉辦，場面相當感人，克里斯多福・克蘭普（Christopher Cramp）與其伴侶馬修・羅奇（Matthew Roche）共結連理，羅奇罹患癌症，婚禮一天後逝世，他們得到特許能及時成為合法伴侶。北愛爾蘭及蘇格蘭也實施同性婚姻合法化，二〇〇五年十二月二十一日英格蘭及威爾斯同性伴侶皆能成為合法伴侶，艾爾頓・強與伴侶大衛・弗尼西的歡慶照片傳遍全世界。

二〇〇四年，法國社會主義黨領袖法蘭索瓦・歐蘭德（Francois Hollande）承諾該黨會推動通過同性婚姻合法化，在二〇一二年選戰中他主打這個議題，當選總統後亦堅守承諾。二〇一三年，法國同性婚姻正式合法。

英國民事伴侶合法登記五年後，彼得・塔切爾發起二〇一〇平等之愛運動，要求同性婚姻合法化。同時，首相大衛・卡麥隆（David Cameron）登上《態度》雜誌，他對此運動表達強烈支持，並視為推動該黨現代化的象徵。他的目標遇到黨內很大的反彈，其中也不乏來自同性戀者的聲音（石牆組織並未立即對同性婚姻表達支持）。但經過一番風浪，同性婚姻總算在英格蘭、蘇格蘭、威爾斯正式合法，第一場同性婚禮於二〇一四年三月二十九日舉辦。

大西洋另一端，令人敬佩的近代LGBTQ運動英雄，八十三歲的艾迪絲・溫莎向前邁了一步。艾迪絲和伴侶特亞・施拜爾（Thea Spyer）攜手超過四十年，他們於一九九三年紐約登記民事伴侶關係，二〇〇七年於加拿大結婚。二〇〇九年，特亞逝世後，艾迪絲被迫須支付遺產稅三十六萬三千零五十三元美金（約一千一百萬新臺幣）——如果美國承認同性婚姻，他就不必支付。二〇一〇年，他對美國政府提出告訴，二〇一二年勝訴。

隔年，美國最高法院判決《捍衛婚姻法案》違憲，等於為同性婚姻鋪平道路。二〇一五年六月二十五日，驕傲遊行前夕，最高法院回溯至五十多年前，推翻一九七二年理查・貝克的原始判決，美國境內五十州同性婚姻正式合法。狂喜的群眾奔向石牆酒吧，這是五十年來劇烈的改變，他們徹夜跳舞、唱歌、喜極而泣。

允許同性婚姻的國家（截至二〇一七年十一月）

阿根廷	哥倫比亞	冰島	荷蘭	西班牙
澳洲	丹麥	愛爾蘭	紐西蘭	瑞士
比利時	芬蘭	盧森堡	挪威	英國
巴西	法國	馬爾他	葡萄牙	美國
加拿大	德國	墨西哥	南非	烏拉圭

同性婚姻氣勢銳不可擋，持續蔓延世界。德國也在其列，二〇〇一年起實施民事伴侶登記，二〇一七年投票通過同性婚姻法案。然而，德國總理安格拉・梅克爾（Angela Merkel）卻投了反對票，他說他認為婚姻的意義是「丈夫與妻子」的結合。

愛爾蘭宣布將就此議題舉辦公投。二〇一五年五月，各地的愛爾蘭人都飛回家投票，場面感人。更讓人感動的是跨世代的交流，第一次小孩、父母、祖父母間針對性別議題的對話，YouTube上亦有許多片段。五月二十三日，公投結果出爐。有投票權的愛爾蘭人中，有百分之六十點五的人參與投票，百分之六十二支持同性婚姻，百分之三十八反對。愛爾蘭人寫下歷史性的篇章，這是全世界第一場由公民決定同性婚姻合法的公投。六月有兩萬名社運者參與貝爾法斯特（Belfast）的遊行，要求北愛爾蘭同性婚姻合法化——直至今日，北愛爾蘭同性婚姻尚未合法。[43]

二〇一七年八月，距離澳洲塔斯馬尼亞（Tasmania）將同性性行為除罪化二十年後，澳洲首相麥肯・滕博爾（Malcolm Turnbull）宣布將舉辦婚姻平權公投。消息一出，掀起正反兩方聲浪。澳洲因有全世界最大的LGBTQ歡慶節而聞名，如雪梨同性戀狂歡節（Sydney Gay and Lesbian Mardi Gras），同時也有社會保守主義的深厚基礎，這場公投讓嚴重的分歧浮上檯面。

前澳洲首相東尼・艾伯特（Tony Abbott，他有一個同性戀妹妹仍反對同性婚姻）投票時遭人用頭撞擊，攻擊者說會這麼做是因為「可能沒有機會了」。

澳洲航空（Qantas）是眾多支持同婚改革的國營企業之一，其負責人被基督徒反對者用檸檬蛋白派砸中臉，有人因為自己的投票傾向，在工作時備感威脅。

二〇一七年十一月十四日，公投結果顯示超過百分之六十一點六投票者支持同性婚姻（投票率高達百分之七十九點五）。《婚姻修正案（其定義與宗教自由）》於二〇一七年十二月七日通過，兩天後正式立法。二〇一七年十二月十五日舉辦第一場同性婚禮。

---

43 | 編注：北愛爾蘭已於二〇一九年通過同性婚姻合法化，並於二〇二〇年二月起實施。

上圖｜群眾群聚於舊金山卡斯楚街，前一天美國最高法院判決同性伴侶有合法權利可於美國登記結婚，攝於二〇一五年。

下圖｜二〇一三年，法國通過同性婚姻法前，法裔加拿大人聚集於蒙特婁法國領事館前抗議。其中一個抗議牌上寫：「在魁北克已婚，在法國單身。一起終結矛盾吧！」

右頁｜參議院投票同性婚姻合法化時，一對情侶在阿根廷國會外親吻。二〇一〇年，阿根廷成為第一個同性婚姻合法的拉丁美洲國家。

喬吉娜‧貝兒

全世界第一個跨性別國會成員，一九九九年至二〇〇七年期間任職於紐西蘭國會。

人們封我為開拓者，意味著你是個孤獨者，你正在走在人們的前方開拓道路。

沒有人能指引我，只能運用我當時所有的影響力，就像我在戲劇圈的經歷——無論是電影、電視、變裝秀，都讓我學會如何自在地出現在群眾面前，並享受這一切。有時人們會譽我為演說家，而這些都源於我的經歷——可以自由運用的技能。

坦白說，身為一個公開的跨性別者，目前為止我的政治經歷相當不可思議。其中當然有挑戰，有時我的生命受到威脅，但令人意外地，並非如你所想的困難。故事是那些將我推向某處的人——那裡才是真正發生改變的地方。

我第一次參與的選舉是卡特頓（Carterton）議會的席位。我和支持者們把這場選舉當作平臺，以傳遞一些社會議題，我們並不認為有任何選上的可能。我猜這是我身為跨性別者的自我懷疑，以及我多采多姿的過往。

我沒有隱瞞任何事，我不能這麼做。為什麼要呢？對於保守的紐西蘭選民來說，我身為一個跨性別者和前性工作者是有點不尋常，但又比尋常的政治圈候選人來得有趣一些，而他們喜歡我直率的坦白。

我並不認為這是個問題，我不以我的自我及身分為恥，但我感受到必須好好經營自己的責任感（自己造成的，我猜），樹立正向的範本。

如果你有什麼不可告人的祕密，我建議你在踏入政壇前公諸於世。你必須處於自在的狀態，沒有任何事情需要隱瞞。為自己而驕傲，不要活在受害者心態之下，不要過於針鋒相對及被動回應，不要太在意別人。

作為一個公開候選官員，審查程度相當嚴格——你必須步步謹慎且認真負責，任何隱瞞都可能將成為負擔。

我在國會時備受尊重，作為國會議員，我不認為比別人遇到更多困難。儘管在首次演說中就說過，我仍試著不讓跨性別者身分衍生太多問題。

我確實成為國會外被厭惡的對象，但你必須克服，不能被打敗——討厭你的人最終會散成邊緣團體，無法得到人們尊重。

你想怎麼被人對待，就怎麼對待別人。當一個好的決策者，好好地大量深入研究，了解你工作及生活的世界，無論是商業、政治或其他事情。每個你能想到的領域，其實都有跨性別者默默耕耘。

過去五十年來，LGBTQI+[44]族群的生活已經改變許多。生活已截然不同。這是一場我們之中許多人的自我解放——我們已經更能參與社會大小事，被接納、被廣為人知。現在已與許多人曾經歷過的開始大不相同。

44｜除LGBTQ以外，還有雙性人（I，Intersex）、無性戀（Asexual）、無性別者（Agender）等。

上圖｜喬吉娜‧貝兒參與二〇一二年遊行（hikoi，紐西蘭毛利語，抗議遊行之意）。「紐西蘭非賣品」（Aotearoa Not for Sale）遊行導致紐西蘭首都威靈頓（Wellington）周遭數條道路封閉。

年表：跨性別平權進程

一九一〇

首次出現「易裝癖」一詞，由德國性學家馬格努斯・赫希菲爾德首創。

一九四九

首次出現「變性」一詞。

一九五八

英國海軍軍醫麥可・狄隆（Michael Dillon）變性身分被《每日快報》（*Daily Express*）大幅報導，被迫逃離英國。

一九六四

美國跨性別男性兼慈善家里德・艾瑞克森（Reed Erickson）創辦艾瑞克森教育基金會（Erickson Educational Foundation），支援LGBTQ族群。

一九七一

首次出現「跨性別」一詞。

一九七四

作家珍・莫里斯（Jan Morris）在自傳《複雜的難題》（*Conundrum*）中公開變性身分。

一九八六

盧・沙利文（Lou Sullivan）創辦女跨男國際組織（FTM International）。

一九九二

石牆事件參與者瑪莎・強森被發現死在哈德遜河中。驗屍官裁定為自殺。

一九九八

跨性別女性莉塔・赫斯特（Rita Hester）遭殘忍殺害後，國際跨性別紀念日（Transgender Day of Remembrance）創立，以提高跨性別歧視暴力的關注度。

二〇〇二

石牆事件參與者希薇亞・里維拉死於癌症，享年五十歲。

二〇〇八

謀殺美國跨性別女性安琪・薩帕塔（Angie Zapata）的嫌犯被判處一級謀殺罪及仇恨犯罪。

二〇〇八

查茲・波諾（Chaz Bono），演員雪兒及桑尼・波諾（Sonny Bono）之子，宣布變性。

二〇一一

美國作家珍妮特・莫克（Janet Mock）於《美麗佳人》（*Marie Claire*）雜誌中公開跨性別身分。

二〇一四

電視節目《透明家庭》首播，圍繞於跨性別角色間的故事。拉維恩・考克斯登上《時代》雜誌封面。

二〇一七

美國總統川普公開表示意欲禁止跨性別者於美國軍隊服務。

二〇一九

美國最高法院通過川普「跨性別者從軍」禁令。

一九三〇

丹麥女孩莉莉・艾爾伯（Lily Elbe）接受變性手術。

一九五二

變性人克莉絲汀・約根森登上《紐約每日新聞》，頭條標題是「前美國大兵變成金髮美女」。

一九六一

英國模特兒兼知名人士阿普里爾・阿什利（April Ashley）被八卦報社《星期日人物報》報出跨性別身分，職涯毀於一旦。

一九六六

變性人互助組織博蒙特協會（The Beaumont Society）於英國成立。

一九七二

瑞士成為第一個允許人民合法改變性別的國家。

一九八一

出演詹姆士・龐德（James Bond）系列電影一九八一年《最高機密》（*For Your Eyes Only*）的演員兼模特兒圖拉（卡洛琳・柯賽，Caroline Cossey），被《世界新聞報》（*News of the World*）爆出跨性別身分。

一九八七

美國網球選手蕾妮・理查斯（Renee Richards）勝訴美國網球協會（US Tennis Association），能以女性身分參與比賽。

一九九三

青年跨性別者布蘭登・蒂娜（Brandon Teen）在內布拉斯加遭謀殺身亡。

二〇〇〇

希拉蕊・史旺（Hilary Swank）出演一九九九年講述布蘭登・蒂娜的電影《男孩別哭》（*Boys Don't Cry*），抱回奧斯卡最佳女主角獎。

二〇〇四

葡萄牙裔跨性別女性娜迪亞・阿爾瑪達（Nadia Almada）贏得英國電視實境節目《老大哥》（*Big Brother*）[45]冠軍。

二〇〇七（？）

坎蒂絲・凱恩（Candis Cayne）出演電視劇集《黑金家族》（Dirty Sexy Money），成為首位於黃金時段常態出演跨性別角色的跨性別女演員。

二〇一〇

拉維恩・考克斯（Laverne Cox）成為第一個製作且出演自己節目的非裔美國籍跨性別女性，真人實境秀《TRANSform Me》於美國音樂頻道VH1播出。

二〇一三

芭莉絲・李斯登上《週日獨立報》（*Independent on Sunday*）粉紅名單之首，成為英國廣播公司《問答時間》節目第一個跨性別參賽者。

二〇一六

班傑明・梅爾澤（Benjamin Melzer）成為第一個登上《男士健康》（*Men's Health*）雜誌的跨性別男性。

二〇一八

丹妮拉・維加成為第一個於奧斯卡頒獎典禮上頒獎的跨性別演員。

---

45 | 英國實境真人秀，三個月之內一群人共同生活於一間房子，三個月後眾人共同投票決定出局者，最後留下的人即為優勝者。

芭莉絲・李斯

跨性別平權倡議者、表演者、英國《時尚》雜誌專欄作家。

對於立志成為模特兒及演員的阿普里爾・阿什利來説，一九六一年一開始似乎一切都很順遂。他為英國版《時尚》（*Vogue*）雜誌拍攝海報，由攝影師大衛・貝利（David Bailey）親自操刀，也在電影《春滿香港》（*The Road to Hong Kong*）中客串，與平・克勞斯貝（Bing Crosby）及鮑伯・霍伯（Bob Hope）合作。但他的人生忽然發生不可逆的改變，一天早上他醒來，發現自己成為八卦小報的目標，《星期日人物報》頭條是：「揭開『她』的祕密」——公開了他的跨性別身分。他的電影評價馬上一落千丈，預定的模特兒行程也瞬間消失。一夜之間，他從光鮮亮麗變得人人喊打。一九七〇年代間，英國法院廢除他的婚姻狀況，因為從法律角度來説，他是男性。這個案例開啟先河，二〇〇四年之前英國一直拒絕於法律上承認跨性別人士的性別，經過倡議團體尋求改變（Press For Change）組織多年努力才有轉變。

阿普里爾現在已經八十三歲了，我曾有幸與他會面兩次——儘管他已經踏入第三人生，我仍確信他依然超群地美麗、卓越、非常風趣。我希望他過著不同以往的生活。

雖然已進入新世代，但事情並沒有隨著時間推移而有所進展，我仍在與認知不符的男性青春期中掙扎。記憶中，我很早就知道我是個女孩，但周遭的每個人都強烈地覺得我必須是個男孩，因為我有陰莖等等。媽媽讓我玩洋娃娃，讓我聽辣妹合唱團（Spice Girls），但真正成為女性的自己是不可能的。我想我長大後會成為一個女性化的男孩、一個男同性戀者或變裝皇后。如果這是唯一的方法。

成長過程中我經常覺得自己不太對勁，一種奇怪、有違常理、低人一等的感覺。我每天都在學校聽這些話，我被吐口水、被打、被搶、被施暴。在家時我的耳朵被那個原本應該保護我的人夾上夾子，因為我「説話像個同性戀」。我已經原諒父母當時沒有給予我需要的援助，因為我了解他們只是不知道如何面對像我這樣的小孩，他們該如何面對？他們唯一一次看到跨性別人士出現在媒體上，被描繪成荒謬、可悲、噁心的形象。我眼中看到的也是如此。

謝天謝地，與像我一樣的孩子開啟對話的方法終於有所進展。有愈來愈多活生生的證據，確立了我一生都了解的事實：你不能用霸凌的方式，讓一個跨性別孩子變「正常」。二〇一七年二月一份刊登於《美國兒童和青少年精神病學雜誌》（*Journal of the American Academy of Child and Adolescent Psychiatry*）的報告〈社會轉換下跨性別青年的精神健康與自我價值〉，作者是莉莉・杜伍德（Lily Durwood）、凱蒂・麥勞夫林（Katie A. McLaughlin）、克里斯蒂娜・歐爾森（Kristina R. Olson），説明研究顯示讓跨性別孩子實際地在社會上進行轉換，可以更有效降低憂鬱及自我貶抑感。像這樣的研究正是美國兒科學會（American Academy of Pediatrics）在二〇一八年九月發布第一則公告的原因，告訴大眾如何給予跨性別孩子最好的支持：接受他們，愛那個他們認為的自我。

就像媽媽最近跟我説的：「如果我當時知道我現在知道的事，我會讓你穿上洋裝，讓你開心。」我希望他曾這麼做，我們就不用經歷這麼多年來的沉默——以及完全不必要的悲劇。

二〇一五年，我為跨性別青年莉拉・奧爾康（Leelah Alcorn）自殺事件深深動容。他的父母拒絕接受他的性別認同，強迫他以男性身分生活。某一晚，他走向奔馳的車輛前，年僅十七歲，他留下一封遺書給我們這些還沒被逼上自殺一途的人，裡面寫著非常清楚的指示：改變社會。

也有另一個故事。二〇一六年，我遇到一個活潑可愛的十六歲女孩，他的家人、學校都支持他的認知，他散發著年輕的活力，對未來充滿期待。我持續關注他的社群動態，很開心能告訴大家他過得非常好。他的生活紀錄充滿派對及家族聚會。真的非常感恩，愈來愈多像我們這樣的小孩得到學校及家人的支持，讓他們能夠成為自己認同的自我，他們擁有我和阿普里爾夢寐以求的事——無條件地接納。青少年跨性別支援團體美人魚（Mermaids）做著拯救的事業，支援這些孩子及他們的家庭，儘管右翼媒體無止無休地攻擊，自從一九六一年媒體毀了阿普里爾・阿什利的事業後，他們一直對跨性別人士懷有敵意。

如果還有其他事，大概就是情況變得更糟了。學校老師露西・米德斯（Lucy Meadows）在生命最後幾個月中，非常不滿於被騷擾——驗屍官調查了他的自殺事件，對媒體説：「以你們所有人為恥。」，英國媒體在過去數年間，持續激起對跨性別孩童第二十八號條款般的道德恐慌。柴契爾政府通過第二十八號

條款，禁止學校「推廣同性戀」，引發孩童可能「成為同性戀」的道德恐慌，演變成一種不理智的恐懼——記者珍妮絲・特納（Janice Turner）在二〇一七年十一月十一日《泰晤士報》的報導，孩童可能「為了安撫跨性別遊說團體而被犧牲」。我不知道他說的遊說團體是誰，但大概就是像我這樣的人，提出跨性別孩童也應該被愛，我們應該接納他們認為的自我，這類具爭議性的想法吧。

遺憾的是，我們仍活在走在路上會被吐口水的世界。但也是跨性別人士會出現在雜誌封面、贏得獎項的世界，我們驕傲地走在伸展臺上，出現在新聞上談論無數與跨性別無關的議題。二

〇一三年，我參與英國廣播公司主打的政治討論節目《問答時間》，是第一個這麼做的公開跨性別女性。從此之後，跨性別人士在各個領域取得更多成就，從暢銷青年作家朱諾・道森，到出色的拉維恩・考克斯，成為好萊塢頒獎典禮紅毯上的固定來賓。我想，如果阿普里爾・阿什利在今日公開身分，他一定會成為《時尚》雜誌的封面人物。當然，媒體之外也有其他生活方式，我只是希望可以改變大眾觀感——讓跨性別者能夠受益。

下圖 | 芭莉絲・李斯是第一個參加英國廣播公司《問答時間》的來賓，第一個登上《週日獨立報》粉紅名單的跨性別女性，也是第一個為英國《時尚》雜誌撰稿的跨性別女性。

特拉維斯・阿拉班莎

表演者、作家、戲劇製作人及LBGTQ社運者。

在過去四到五年間，我稱之為後凱特琳・詹納時代，跨性別社群被放大檢視，關於性別的討論也有爆炸性成長。千禧世代的文化中，有一種認知是這些全是新的身分，但我做的事中絕大部分是要告訴大家，雖然有些詞彙是新的，例如「性別認知不同」（non-binary），人們有類似的想法已經數百年了，我並不是那麼男性化、女性化的說法，在歷史上早就出現過了，像我們這樣的人從以前到現在、永遠都存在著。電影《巴黎在燃燒》中那些非裔酷兒真實地遊走在性別之間，不僅僅是美學層面；訪談中他們稱自己為「皇后」，並使用不被定義性別的詞彙。

我的方法是表現得像我們的性向及人格與性別並無直接關係，無視別人眼中的自己。當我或我的朋友受到恐同攻擊，有時候是因為公開表達情感，但大多時候男同性戀者會因為以女性方式表達性別傾向而遭到粗暴對待。性別不一致者與我們的族群間仍有相互關係，我們有愈來愈多自己的語言，可以掌握自己的主權。進展似乎很快，也很難跟上，但對我來說，看到許多人這麼說是極大的鼓勵：「這是我的身體，這是我，我有能夠表達自己是誰、你如何看待我、稱呼我的權力。」

我十五歲時曾閱讀詹姆斯・鮑德溫的作品，完全顛覆了我對酷兒的認知。我看著英國的同性戀文化，看著白人男同性戀者，看著白人變裝皇后，我並沒有領略到其中的幽默，也沒有意識到發生了什麼事，於是我想，或許我不是同性戀吧。十七歲時我去了加州奧克蘭，參加為有色人種的酷兒舉辦的黑人女孩危險之旅（Black Girl Dangerous）夏令營，在這裡遇到的人用各種截然不同的方式表達他們的性別，包括第一次出現中性的「他們」取代有性別的代名詞。我問：「那是什麼意思？」他們說：「噢！我只是覺得性別並不重要。」我也試著這麼做後，肩膀彷彿卸下重擔，最後我覺得更放鬆了。這並非意味著我們要積極推廣「非性別二元」，而是對更自在人生的渴求。我不需再執著於成為男性、女性或在兩性間跨性別時，是我最自在的時候。

種族方面，我覺得有進步。八、九年前看雜誌時，你不會想到可能出現黑人面孔，你也絕對不會看到封面出現黑人。我確實存有懷疑，讓黑人出現在雜誌上是想多賣一些雜誌，還是他們真的認為這很重要。我們身處的地方被我稱為「多元化資本主義」，以商業來說多元化確實頗有益處。當有色人種酷兒不再蔚為風潮，人們是否還會為我們而戰？當我想到種族議題時，我想到醫療保護，我想到暴露愛滋病毒前預防性投藥、我想到HIV預防措施、我想到經濟與就業。黑人酷兒受到的關注依然很少，尤其黑人酷兒女性，黑人酷兒的日常仍經常遭到孤立。我的工作讓我能走遍全國，我遇到黑人酷兒及跨性別者，他們通常獨來獨往，獨自面對各種問題。

我喜歡石牆事件，我們當然可以歌頌它，那似乎更是族群團結的時刻，而不是彼此分裂。當你看著這些照片，你會看到變裝皇后與跨性別者站在一起、與白人男同性戀者一起、與女同性戀者和所有不同種族的人一起，非比尋常地團結一氣，一起對抗國家暴力。我的人生中還沒看過人們這麼做，我們一起找出如何解決內部分歧的辦法，同時對抗外部的強大力量。

五十週年之際，我想我們可以考慮直接行動，這是我對自己負責的方式。對我來說，真正覺醒是最近的斯坦斯特德十五號（Stansted 15）審判，「社運者企圖阻止航班起飛」事件。主要由酷兒組成的代表團體遭控犯下恐怖主義罪行。很多酷兒行動主義都以直接行動為根基，立基於實際族群中。成為一個酷兒，有很多光鮮亮麗的媒體版本，如果石牆事件能提醒我們什麼，那就是這場改變就源於日常街頭。

右頁｜二○一八年特拉維斯・阿拉班莎的寫真，由艾文德・漢森（Eivind Hansen）攝影，刊於獨立雜誌《紙》（PAPER）。

文 化 ： 運 動

充斥男性氣概及贊助金的職業運動界，LGBTQ族群進程相當落後。如威爾斯英式橄欖球員加雷斯·托馬斯（Gareth Thomas）等運動員曾表示成長過程中，他們無法將自己的性向與熱愛運動的心融為一體；有些人害怕公開性向，是怕失去可觀的贊助金及支持者。

美國首批出櫃的職業運動員之一，美國職棒大聯盟（Major League Baseball）球員格倫·柏克（Glenn Burke），一九七六年至一九七九年間曾待過洛杉磯道奇隊及奧克蘭運動家隊。雖然他曾向隊友出櫃，道奇隊管理層仍提供七萬五千元美金（約兩百二十萬新臺幣）要求他和女性結婚，但柏克拒絕了。二十七歲時他離開球隊，表示：「偏見贏了」，一九九五年柏克死於愛滋病相關併發症。

一九八一年，網球明星球員比莉·珍·金恩（Billie Jean King），因為和一名女子有外遇，被索以「同居生活費」告上法院。他損失了兩百萬美元的贊助金，卻成為世界上極富知名度的運動員之一。美國國家廣播公司最近訪問中問他，如果回到過去，他是否會做不同的選擇，金恩說：「我會更早出櫃。」捷克裔的瑪蒂娜·娜拉提諾娃被視為有史以來最優秀的網球選手，他在一九八一年訪談中出櫃，並試圖擺脫長久忍受的恐同症。

一九九〇年，英國出現第一位出櫃的專業足球選手賈斯丁·法薩努（Justin Fashanu），得到的反饋是霸凌、恐同的聲浪，以及失去足球聯盟的支援，包括他的弟弟約翰也覺得不體面，公開表示「不想和哥哥一起打球，甚至不想在同一個地方一起換衣服。」一九九八年，賈斯丁自殺，自此之後他的故事就像一朵雲籠罩在足球界中。二〇一四年，前阿斯頓維拉足球俱樂部（Aston Villa）成員及德國中場球員托馬斯·西策爾斯佩格（Thomas Hitzlsperger）出櫃，許多足球協會女子超級聯賽（FA Women's Super League）成員也紛紛出櫃，包括前英格蘭領隊凱西·斯托尼（Casey Stoney）——但截至本書送印前，超級聯賽（Premier League）還沒有男同性戀者出櫃。

左上圖｜格倫·柏克是第一個公開出櫃的大聯盟球員，一九七六年至一九七九年間曾待過洛杉磯道奇隊及奧克蘭運動家隊。

右上圖｜賈斯丁·法薩努，英國首位出櫃的職業足球員，媒體及足球界因此緊迫盯人。一九九八年五月賈斯丁自殺，年僅三十七歲。

右頁｜瑪蒂娜·娜拉提諾娃，被視為全世界頂尖的網球選手之一。瑪蒂娜於一九八一年報紙採訪時出櫃，隨後面對數十年的恐同行徑。他正面迎擊，並贏得十八座大滿貫單打冠軍、三十一座大滿貫女子雙打冠軍、十座大滿貫混雙冠軍。

　　一九九七年，澳洲的伊恩·羅伯茲（Ian Roberts）成為全世界首位出櫃的聯盟式橄欖球（rugby league）球員。二〇〇九年，英國威爾斯橄欖球員加雷斯·托馬斯出櫃；二〇一五年，基岡·赫斯特（Keegan Hirst）成為第一位出櫃的英式橄欖球員。

　　一九九四年，被譽為全世界最優秀的跳水運動員，奧運冠軍格雷格·洛加尼斯（Greg Louganis）公開承認自己是同性戀，隔年驗出HIV陽性反應。二〇〇八年，澳洲跳水運動員馬修·米查姆（Matthew Mitcham）贏得奧運金牌的那一年，他公開出櫃。二〇一三年，英國跳水運動員、「跳水金童」湯姆·戴利（Tom Daley）隨後出櫃，二〇一七年他與編劇達斯汀·蘭斯·布萊克結婚，成為全世界知名的同性配偶之一。

　　二〇〇七年，約翰·阿米契（John Amaechi）成為美國籃球聯賽（NBA）中第一位出櫃的球員，在他宣布退休之後。二〇一三年，籃球員傑森·柯林斯（Jason Collins）在職業生涯中期宣布出櫃，隔年美國足球員麥可·山姆（Michael Sam）也宣布出櫃。

　　運動界的態度似乎在轉變。馬術運動員大衛·李·皮爾森（Sir David Lee Pearson）也公開出櫃，他曾贏過十一面帕運馬術金牌；超級明星及跨性別女性凱特琳·詹納也曾贏過奧運十項全能冠軍；二〇一六年的里約奧運中，出櫃選手更是史無前例地多：體育雜誌《Outsports》曾報導五十六名LGBTQ運動員的紀錄，此外還有更多尚未出櫃者。二〇一八年冬季奧運中，已出櫃的自由式滑雪運動員蓋斯·柯沃西（Gus Kenworthy）及花式滑冰運動員亞當·里彭（Adam Rippon）的名聲傳遍美國。開幕當天，柯沃西在社群媒體上公開一張他與里彭的合照，標題是：「我們就在這，我們是酷兒，學著習慣吧！」

左上圖 | 義大利專業排球運動員寶拉·艾格努（Paola Ogechi Egonu）參與二〇一八年世界女子排球聯賽（FIVB Volleyball Women's Nations League）。二〇一七年至二〇一八年間，他與諾瓦拉女排俱樂部成員斯克魯帕（Katarzyna Skorupa）公開交往。

右上圖 | 波多黎各專業拳擊運動員奧蘭多·克魯茲（Orlando Cruz），直至二〇〇九年一直保持全勝紀錄。二〇一二年公開出櫃，仍持續拳擊生涯，成為首批進入全國男女同性戀運動名人堂的運動員。

左頁 | 亞當·里彭，美國知名滑冰運動員，於二〇一八年冬季奧運贏得銅牌。他坐在蓋斯·柯沃西的肩膀上。柯沃西是一名英國裔美國人，自由式滑雪運動員，在二〇一四年冬季奧運障礙技巧賽中贏得銀牌。兩人皆已出櫃。

恐 同 文 化

遺憾的是，世界上許多LGBTQ都有被討厭的經歷。有些人遇到日復一日的死亡威脅，
而大多數對LGBTQ的暴力事件並沒有受到媒體關注，只有極端事件才會被報導。

一九九九年，英國正籠罩於最致命的恐同攻擊之下。四月十七日星期天，一枚炸彈在南倫敦布里克斯頓區（Brixton）引爆，此處住滿非裔倫敦人。有一名可疑的男子行跡詭異，丟了一個運動包在電氣大道（Electric Avenue）的街上，周邊的商家都懷疑是他。他丟下包包後，商家把包包移開，討論著該怎麼處置，警方到場時，這個裝滿火藥及鐵釘的運動包爆炸了了，超過四十人受傷，其中還有一個嬰兒僥倖活了下來，但頭被釘子傷了。下一個週末，四月二十四日星期六，另一個運動包炸彈被丟在斯皮塔佛德市漢伯里街（Hanbury Street, Spitalfields），許多亞洲人居住的區域。又一次，一個路人覺得運動包相當可疑，把它帶去當地的警察局，但警察局已經關了，炸彈就在他的後車箱爆炸，十三人因此受傷。

警方呼籲民眾提高警覺，當心兇手目標是少數族群，並提醒同性戀族群或許是下一個目標。

一九九九年四月三十日星期五，老康普頓街上被人群塞滿，正暢飲慶祝週末銀行假期[46]到來，安靜且低調的同志酒吧——鄧肯上將酒吧（Admiral Duncan pub），是蘇活區裡歷史悠久的同志活躍場所之一，一名顧客發現了現場的運動包，憂慮地告訴吧臺員工。當經理馬克・泰勒（Mark Taylor）正要一探究竟時，炸彈瞬間爆炸造成嚴重損傷，三人因此喪命，四肢遭炸裂，多人視力受損，無數人負傷。三十一歲的尼克・摩爾（Nick Moore）、三十二歲的約翰・萊特（John Light）、二十七歲的安德利亞・戴克斯（Andrea Dykes）三位好友在此聚會，慶祝安德利亞懷孕，在這場攻擊中死亡，他的丈夫朱利安則身受重傷。

那一晚，二十二歲名叫大衛・柯普蘭（David Copeland）的男子於位在漢普郡柯夫（Cove, Hampshire）的住家被捕，他將住處布置成極右派的聖殿，貼滿納粹旗幟以及右翼暴力的相關報導。他被診斷為妄想型思覺失調症，二〇〇〇年六月三十日柯普蘭被控以謀殺罪，判處至少五十年監禁。

現在，鄧肯上將酒吧天花板有一個紀念雕塑，以悼念尼克・摩爾、約翰・萊特、安德利亞・戴克斯之死。

鄧肯上將酒吧攻擊事件十七年後，二〇一六年六月十二日凌晨兩點零九分，佛羅里達州奧蘭多一間小酒吧的臉書頁面更新了這個訊息：「大家快離開脈動（Pulse）酒吧，快跑。」

46｜英系國家的公共假期。

幾分鐘之前，一名男子走進這個熱鬧的同性戀場所，向保全人員簡短說了幾句話後，快速地走過保全身邊，向現場近三百二十名結束週末夜、打算離開回家的群眾開槍。該名保全人員是日班下班的警察，他也開槍反擊，並緊急聯繫其他警員呼叫救援，當槍手持續向夜店瘋狂掃射、挾持人質時，其他警員也抵達了。在警方開車撞倒廁所牆壁、擊斃槍手解救群眾前，約三小時期間，人群躲在廁所的小隔間，躲在任何可以躲藏的地方。凌晨五點十七分，警方宣布兇手已就地正法，四十九人已喪命或瀕臨死亡，五十三人受傷。二○一七年十月的拉斯維加斯槍擊案前，脈動酒吧屠殺事件是美國和平時期間最多死傷的槍擊事件。

恐怖事件在全球引發極大的回響，紐約石牆酒吧外、巴黎艾菲爾鐵塔、雪梨港灣大橋都有群眾點燃七彩顏色的燈光靜默哀悼，英國工黨領袖、倫敦市長及其他政治人物齊聚倫敦蘇活區，加入數千名群眾齊聲高喊：「我們在這裡，我們是酷兒，我們拒絕活在恐懼中。」

幾天後，威廉王子簽署美國大使館的弔唁書。這起事件讓大眾注意到儘管世界已經進步許多，仍有人企圖對LGBTQ族群施以暴力。

左頁｜一九九九年四月三十日，鄧肯上將酒吧遭到鐵釘炸彈攻擊後，第一批傷者茫然地走出來。
上圖｜四十九名脈動酒吧受害者的海報。脈動酒吧由芭芭拉·波瑪（Barbara Poma）及羅恩·萊格勒（Ron Legler）創立。波瑪的哥哥於一九九一年死於愛滋病，妹妹創立這間酒吧以紀念哥哥，脈動既是酒吧也是社交場所。

脈動酒吧創立於二〇〇四年，為了紀念其中一位創辦人的哥哥於一九九一年死於愛滋病，希望他的「脈搏持續跳動」。遭受攻擊當晚是拉丁之夜，讓在廣大同志圈中曾受種族主義歧視的人可以匯集於此，感到安心地與朋友聚會。大多數受害者都是二十歲至三十多歲的青年，年輕人在夜晚出外聚會、小酌、跳舞、自拍。這場攻擊最具破壞性的部分是源於它的地點，粉碎了同志酒吧是避難所的信念，是我們可以表達真實自我、遠離敵意的地方。就像一名主顧安卓‧聖地牙哥（Angel Santiago）曾說：「對男同性戀者，脈動這樣的酒吧就像是安全的避難所。」

兇手的動機一直存在爭議及疑問。攻擊發生後幾天，這起事件被定調為恐同攻擊，二十九歲兇手歐馬‧馬丁（Omar Mateen）的父親說，兒子曾說幾個月前看到兩名男性接吻，覺得很噁心。但很快就查到新的資料，幾名男性說馬丁曾和他們有來往，已經出入同志酒吧超過十年，曾使用同性戀約會軟體，也曾出現在脈動酒吧。愈來愈多人猜測，這場槍擊案源於他穆斯林信仰中自我厭惡的暴力行為。八卦網站高客網（Gawker）報導馬丁的前妻曾告訴男友，馬丁有「同性戀傾向」，聯邦調查局指示不要告訴媒體。

然而，馬丁前妻努爾‧薩爾曼（Noor Salman）的判決中，他向警方說謊以幫助前夫洗脫罪名的部分被判無罪，因為沒有證據顯示他是同性戀者，也沒有證據顯示他的目標是同性戀場所。調查人員找到證據顯示數小時前他曾將一娛樂場所當作目標，但因警察出現而作罷。據說他搜尋「奧蘭多市區夜店」，隨後抵達脈動酒吧，問了保安人員：「女人都在哪？」據傳他的搜尋紀錄中沒有與同性戀相關的紀錄，但很多紀錄與伊斯蘭國（ISIS）有關。馬丁曾撥打九一一報案電話表達他誓死效忠伊斯蘭國，並將效法近期發生的波士頓馬拉松爆炸案。聯邦調查局表示他們沒有發現任何證據證明馬丁是同性戀或雙性戀者，但確實找到他與其他女性外遇的證據，也就是說馬丁確實曾表達厭惡同性戀，而他選中的夜店是同志酒吧或許增加了犯案的誘因。

可以確定的是，這兩起事件都是美國自九一一事件後死傷最慘重的恐怖攻擊，也是美國史上針對LGBTQ最嚴重的攻擊事件，是源於恐同症還是自我厭惡等等，我們已經不得而知。但對於已習慣接受暴力仇視的族群來說，這無疑是另一個恐同症的極致表現。

攻擊發生後兩週，電視製作人萊恩‧墨菲（Ryan Murphy）製作了四十九位名人的影片，包括女神卡卡、莎拉‧保羅森、達倫‧克里斯（Darren Criss）、克里斯‧潘恩（Chris Pine）、拉維恩‧考克斯、潔美‧李‧寇蒂斯（Jamie Lee Curtis），每人向一位受難者致敬。脈動酒吧老闆之一芭芭拉‧波瑪宣布他將在夜店建立一個紀念碑及博物館以茲紀念。

上圖 | 哀悼群眾群聚奧蘭多市區，為脈動酒吧屠殺事件受難者獻花及燭光哀悼。當時，這起事件是美國史上死傷最慘重的槍擊案。

右頁 | 馬修‧謝巴德於一九九八年十月六日遭到殘忍攻擊，死於十月十二日。這起仇恨犯罪震驚美國，因而推動新仇恨犯罪立法。

下頁 | 對世界上許多人來說，驕傲遊行不能隨時進行。圖上為一名女性正被警方拖走，伊斯坦堡的LGBTQ族群正準備開始他們二〇一七年的遊行。

真人實事

茱蒂・謝巴德

馬修・謝巴德的母親，馬修謝巴德基金會共同創辦人。

我的兒子馬修，是一個可愛、善良、富同情心的年輕人，你或許會想：「他當然會這麼說，那是他兒子」，這麼說也沒錯，但不是只有我這麼認為。即使一一檢視他所有惱人的缺點——還真不少，但是他的心裡依舊是柔軟的。這也是他對其他人類的期望，希望他們會把別人放在心上。他會在每個人身上尋找優點，他認為每個人都值得、也願意和他當朋友，也能讓他有其他收穫。

當人們問我：「即使他們為了取得馬修信任而佯裝同性戀身分，為什麼那一晚他會和兩個陌生人離開酒吧？」這個問題有兩種答案：第一種答案，那裡是拉勒米（Laramie）——一個小大學城，人人都會接受別人的好意，搭順風車回學校或住處；第二種答案是馬修相信別人，對他來說沒有陌生人這回事，只有即將成為朋友的人。我曾經認為那是他最好的優點——但在一九九八年十月那命運般的夜晚後，我希望他不要那麼相信別人。

他怎麼可能知道，那兩個假裝同性戀的年輕男子真實目的是什麼？他怎麼可能知道，他們約他獨自走出去是因為發現他是同性戀？他應該有所懷疑嗎？回想起來，他當然應該要懷疑，但當下他們是可能會成為朋友的人，他不會想到他們想傷害他。馬修從來不會因為別人如何打扮、表現自己而評斷一個人，他在懷俄明州（Wyoming）長大，一個人口少、多是工人階級的州，沒有人會因為外表而下定論。一個人可以穿著高級訂製服，但不懷好意——這是我們在現今社會中學得最好的一課。

恐同症可以輕易在大眾面前隱藏起來，也可以很明顯——有各種形式。它可以微妙地隱藏在一個經常使用的綽號裡，看起來很無害——例如：「太像同性戀了」；或直接公諸於世，大聲咆哮或實質暴力威脅；也可以是合法的歧視，例如因為某人是同性戀而合法解聘，或拒絕讓他們與公眾合住。這些舉動甚至透過宗教講壇傳遞給大眾。

真正的問題是，仇視行為是可以被教會的行為，一代傳一代。我們來到這個世界時並不知道如何恨或愛，兩者皆透過學習而來。我們透過家庭環境、學校環境、鄰居、媒體、以及你的教會，去學習這兩種情感，或其中一種而已。如果你能學會仇恨，

你當然也可以不學它，仇恨是一種意識選擇——它只是一種選擇。身為男同性戀、女同性戀、雙性戀、跨性別者不是選擇——那就是你。

有很多方式可以解決任何種類的仇恨，我們可以和教育工作者、非歧視性的教會、所有被邊緣化的族群合作，他們可以幫助我們了解個別關注的焦點，最後我們可以在公眾人物身上找線索。當地、該國、國際中的領導者，包括教育、政治、執法機關、外交、商業、科學領域，我們生活中各領域的領導者都能帶我們走向尊重、理解之路，甚至擁抱各種族的人類，互相激勵以邁向成功，實踐生命價值。

這是馬修的願望——他生命的目標，也該是每個人的目標。

阿洛伊修斯 · 薩利

大聲說俱樂部創辦人，為英國LGBTQ難民及尋求庇護者提供支援及倡議運動。

當時非洲的同性戀者根本不可能公開出櫃或過著平凡生活，人們被迫過著見不得光的生活，被剝奪醫療、社交、擁有家庭生活的權利，因為性傾向而被虐待，甚至有很多人遭到殺害。而社會進展相當遲緩。

在非洲，信仰是LGBTQ族群解放的障礙之一，天主教廷和英格蘭教會在這裡有很大的權力，所有最好的機構和學校都被教會掌控。相對新興的美國福音派於一九八〇年代來到非洲，開始宣揚抵制LGBTQ人士，教會造成的傷害遠比其他事來得更大。即使英國已經進步許多，非洲教會仍然致力阻撓解放LGBTQ。

教會已經阻撓很多為預防HIV病毒傳播付出的努力——他們抵制保險套、避孕措施，而他們為此做了什麼？什麼都沒做。這影響了普羅大眾，LGBTQ族群尤甚。大多數的好醫院都和天主教有關係，你無法在醫院裡找到任何同性戀性健康的傳單，人們活

在恐懼之中，害怕對護理師或醫生說他們是否有感染跡象，因為他們覺得：「如果我問了，就可能惹上麻煩」，於是他們閉口不談。

作為宗教平臺的伊斯蘭極端主義及保守派也非常反對解放LGBTQ族群——態度非常、非常敵對。任何認定為女同性戀的穆斯林可能面臨嚴重後果。很多強迫十二歲或十三歲少女結婚的案例，還有很多年輕女性死於分娩，而這些行為都受到大多數宗教極端分子支持，鮮少有媒體報導這些事情。

上圖｜史瓦帝尼王國（前史瓦濟蘭王國）於二〇一八年舉辦第一次同性戀驕傲遊行。約五百人參與呼籲這個君主制國家應邁向平權，該國同性戀仍屬違法。

右頁｜烏干達同性社運者阿洛伊修斯 · 薩利（Aloysius Ssali），大聲說俱樂部負責人。

當人們問我們可以做些什麼，我說最重要是了解這些懷有敵意的國家，都從歐洲國家身上獲取大量利益。英國是主要的捐助者之一，但錢都去哪了？大多數設備都跑去國防、警力，用來對付為自由、解放而戰的人民。

必須要有監督金援去向的方式，他們或許不希望看起來像在發號施令，但他們也有責任——你捐錢，你就有發言權。從歷史角度看，我們從哪裡發展出這些同性戀條款？大多都是曾殖民非洲的國家。他們絕不會回過頭承認錯誤，現在就讓我們廢除這些法律，那些已經融入非洲文化及傳統的法律。然而，像英國這樣的已開發國家，確實是造成非洲LGBT族群承受苦難的幫手。

另一部分是英國方面，我們如何對待以性向為由尋求庇護的人，目前的觀感並不是太好，接受或許不是最好的選擇，或許是內政部該傷腦筋的議題。我是第一批以性向為由尋求庇護的人，但我的經驗實在太糟了，我還在試著喚醒大家對這個議題的警覺。

當人們逃亡到這裡，他們並不習慣開放社會，他們可能不會和人談起性向，因為在非洲國家沒有地方可以這麼做。這很常見，你要和誰談這件事？你不會和阿姨或叔叔談起這件事，也不能和護理師或議員討論，因為你不知道他們會是什麼反應，於是人們保持沉默，連帶發生精神健康問題。人們受到精神創傷，他們來到這裡時，被要求向政府解釋所有細節，初次來到這裡就有八小時面談時間，談論這些敏感議題。他們或許在為生命而戰，但又掙扎於揭露自己的情感面，這實在太難了，他們經常對自己的性向感到困惑，政府希望他們的一舉一動都像英國人，他們卻做不到，導致很多謎團無法解開，許多案例就此遭到駁回。一旦他們被遣返，就可能被虐待或死亡。沒有任何保護措施，就是把人送回地獄。

去年烏干達舉辦驕傲遊行，但不如預期。我認為當時並不是舉辦遊行最好的時候，儘管我非常希望見證這一刻，但實在太危險了。南非共和國已解放，但其他國家仍有很多虐待、歧視、酷刑事件，僅僅因為人們的性向。南非是唯一解放的國家，也是我們的希望，願南非能影響非洲其他國家，甚至遠至亞洲。

在歐洲，我們可以運用平臺來影響非洲及亞洲國家。進展很緩慢，卻是我們能持續走下去的力量。否則，一旦停下就無法奮鬥下去。你看到歐洲的進步時，其實是努力很久的成果，我們認為非洲需要更多時間。但隨著新領導人上任，年輕人長大，希望會有所改變。

左圖 | LGBTQ社運者出席二〇一二年烏干達首次同性戀驕傲遊行，就在希拉蕊・柯林頓（Hillary Clinton）向非洲LGBTQ社運者致敬後隔天，鼓舞全世界。

不丟下任何人

五十年前有一群人——黑人、白人、棕色人種、拉丁美洲人、流浪兒童、年輕人、老人、變裝皇后、女同性戀者、男性化的女同性戀者、男同性戀者、女性化的男同性戀者、跨性別者，以及我們沒有相對應詞彙能描述的人，或許可以稱為性別認知不同者等族群，他們說夠了、真的夠了，開始反擊。他們點燃了一場已經醞釀數十年的運動，在此之前一直沒達到頂點。那一晚，石牆酒吧的常客及紐約人引爆正向能量，在格林威治村上發出耀眼信號，成為全世界的燈塔。

石牆事件是臨界點的信號。為數可觀的人認為現正發生的事太不合理，他們值得也需要和所有人一樣的待遇。他們讓大家看到，所有人團結時世界就能發生改變。有團體支持、不屈不撓的毅力、時間及精力、以及令人遺憾的死難者，地球上的LGBTQ族群才能創造改變，是一九六九年石牆酒吧參與者根本無法想像的事。

也可以這麼說，我們多數人生活在最寬容的國家，一九六九年前和我們一樣的人根本無法想像。我們當然應該大肆地慶祝這些轉變，更重要的是感謝那些讓自己置身險境的人，我們才能有更好的生活，許多人為了我們的生活無止歇地採取行動，無法一一言喻，但毫無疑問地，就像社運者彼得·塔切爾所說，同性戀權益的進程是歷史上最成功的社會平權運動，我們在五十年之內從違法走到合法。

但我們仍然活在挑戰與不公義之下，令人難以置信的不公平仍亟需解決，我們面前的新問題是當時人們不曾遇過的，或許不是針對LGBTQ族群，但無論如何與過往的問題一樣嚴重。

種族不平等是LGBTQ的重要議題，也是全社會的議題。相較於白人，有色人種的LGBTQ族群的生活期望值更低，這是顯而易見的事實。二〇一六年美國疾病管制局公開一份驚人的報告，統計顯示非裔美國人同性戀或雙性戀男性一生中有二分之一機率會成為HIV帶原者，而白人異性戀男性是兩千五百分之一，一般美國人是九十九分之一，白人同性戀男性則是十一分之一。

換句話說，如同統計資料顯示，有一半的非裔美國人男性同性戀或雙性戀者可能成為HIV帶原者。

當他們確診HIV陽性反應，與男性發生性行為的非裔美國人男性也較不可能負擔得起延續生命的後續醫療。美國南方各州共占美國人口百分之三十八，已診斷出百分之五十四的HIV病例。密西西比州及路易斯安那州黑人男同性戀者死於HIV及愛滋病相關併發症的比例比其他人種高七倍之多。

英國的數字同樣驚人。二〇一二年醫學期刊《刺胳針》（The Lancet）一份研究報告指出，英國黑人男同性戀者得到HIV病毒的機率是白人的兩倍。種族主義也是另一個重大議題，英國

雜誌《FS》一份調查顯示，超過百分之八十的同性戀或雙性戀有色人種男性曾在同性戀族群中承受種族歧視。事實上，許多有色人種在自己的社群中面臨複雜的文化因素。二〇一八年英國廣播公司亞洲聯播網調查顯示，與其他人種相比，亞州人的恐同症比其他人種更加嚴重，意味著有色人種的LGBTQ族群有時在家庭中面對極高程度的恐同症，而在LGBTQ族群中面對種族主義的歧視。

今日，我們終於開始揭露跨性別者長期以來承受的暴力、不公義及經歷。美國組織人權戰線（Human Rights Campaign）表示，二〇一七年美國有二十九名跨性別者死於致命的暴力行為，這是前所未有的數字，可能還有很多受害者不在此列，兇手往往無法受到制裁。加州大學洛杉磯分校威廉法學院（Williams Institute）及美國自殺防治基金會發表二〇一四年統計資料，有百分之四十六的跨性別男性及百分之四十二跨性別女性曾企圖自殺，遠高於美國總人口的百分之四點六，還有其他許多研究顯示跨性別者自殺、自殘的比例同樣高得不像話，一點都不奇怪。綜觀全球，不懷好意、不符事實的媒體報導目標都是跨性別者。現在，跨性別者被媒體視為少數僅存可以詆毀、攻擊的族群。二〇一六年川普競選總統時，跨性別友善廁所成為全美關注的焦點，用來妖魔化左派觀點。二〇一八年英國政府針對自我認同議題舉辦討論會——建議讓跨性別者可以合法登錄他們認同的性別（如同二〇一五年愛爾蘭立法），於是媒體開始過度操作並宣揚跨性別女性可能成為一般女性的威脅。為跨性別青少年及其家人提供幫助的美人魚基金會，被渲染為意圖改變全國孩童性別的幕後黑手。二〇一九年初，地方報紙曾報導五十一歲艾美·葛莉菲斯（Amy Griffiths）遭謀殺案，他是來自英格蘭伍斯特（Worcester）備受喜愛的跨性別女性。芭莉絲·李斯指出，假設情況相反，艾美是謀殺犯而非被謀殺，他的臉會登上全國報紙頭版，用來描繪跨性別者是使用暴力的兇手，而非他們更常成為受害者的事實。數週後，媒體報導巴西一件極其兇殘的被謀殺案，三十五歲跨性別女性奎莉·達希爾瓦（Quelly da Silva）死亡，而跨性別者遭受的暴力事件似乎仍被無視。

上圖｜新世代的LGBTQ族群（受益於過去五十年來的努力）正在興起：更自由、更會表達及鼓勵別人。圖中為這些年（Years and Years）樂團主唱奧利‧亞歷山大（Olly Alexander），於格拉斯頓伯利當代表演藝術節（Glastonbury Festival）演出。攝於二〇一六年六月。

下頁｜二〇一五年，艾倫‧圖靈親屬向唐寧街十號遞交請願書，要求政府向四萬九千名因性向遭迫害的受害者道歉。左至右為侄孫子奈維爾‧亨特（Nevil Hunt）、侄孫女瑞秋‧巴恩斯（Rachel Barnes）及巴恩斯兒子湯瑪斯（Thomas）。

真人實事

李維斯・奧克利

雙性戀社運者

左圖 | 李維斯・奧克利是雙性戀社運者，致力於讓雙性戀權益能被囊括在下一步的討論中——當然，還有被更廣大的社群接納。

　　過去五十年已經改變很多，但我們仍須關注資金及關注度的差異是隨著LGBTQ五個字母縮寫而遞減。身為雙性戀男性，看到極少人關注如何改善雙性戀者的生活，非常令人沮喪。現在仍有百分之九十的雙性戀男性未出櫃，我們的精神健康問題和貧窮比例最糟糕，在LGBTQ運動中卻鮮少浮現屬於雙性戀的特定議題。

　　身為一個雙性戀社運者，對我來說最難過的是看到大多數雙性戀者如何孤立無援——他們的生活中幾乎沒有其他雙性戀者可以互相支援。我總是收到來自全球雙性戀者的電子郵件，大多都是重複的問題，雙性戀似乎一直停在嬰兒期，因為大多數人沒有其他雙性戀者可以尋求意見或啟發，週遭沒有人可以教我們如何應對不同性別的吸引力時，我們如何成長呢？雙性戀族群無法像同性戀族群一樣團結、交換意見、互相幫助。

　　我希望我們可以讓更多雙性戀者團結，可以有更多討論，讓我們進步到不再汙名化雙性戀的世界。我希望未來的世代可以毫無畏懼地公開性向，不必擔心會影響到生活，就像在石牆，有一整群人為他們撐腰。

　　我不希望人們經歷我經歷過的事，持續被質疑性向，成為男同性戀者的出氣包，被女性伴侶懷疑我是否出軌。社會對雙性戀無知的程度讓我驚訝，即使同為雙性戀者，態度仍不盡理想。所以很多團體樂於對外稱自己為LGBTQ，卻不樂意告訴你他們為支持雙性戀者做了什麼事，但現在早已不是雙性戀受冷落的時代了。

　　雖然我的目標是加強LGBTQ社群對雙性戀者的注意力，我對整個運動也懷有更遠大的希望。當我們展望下個五十年，我希望有一天性向不再有社會汙點；有一天所有差距能弭平；有一天性向不再對一個人的精神健康、貧困可能性及其他我們所知的問題造成影響。

「交叉性」是一個詞彙，簡單地表達了人們並非只是「單一事物」，或只會受單一事件影響。舉例來說，低薪、跨性別黑人女性可能會被性別歧視、種族主義、跨性別恐懼症、經濟困難所影響；白人、工人階級的男同性戀者可能會被恐同症及其他低薪因素等等所影響；女同性戀者則長期受制於恐同症及性別歧視。女性行為及女性如何表達自我的政策在我們的社會中始終是一個問題，尤其限制女同性戀者時格外有力。我們確實不該被這些議題定義，但深入了解是為LGBTQ爭取權益至關重要的事。

與「交叉性議題」相關的問題是無家可歸。有數據顯示全世界LGBTQ無家可歸者的高得不成比例，尤其是年輕人。根據美國威廉法學院調查，二〇一二年受相關機構幫助的無家可歸青年，有百分之四十皆為LGBTQ族群。芝加哥大學（University of Chicago）調查顯示，LGBT青年經歷無家可歸的可能性增加了百分之一百二十。

英國亞伯特甘迺迪信託公開向他們求助者無家可歸的前三大因素：一是被父母趕出來；二是源自家庭的性虐待、實質暴力及情緒暴力；三是家庭內部的攻擊及暴力。

另一個事實是大多數LGBTQ運動大多關注於男性，很少關注女性，而我們都知道伴隨恐同症的性別歧視大多直接加諸於女性身上。喜劇演員漢娜·蓋茲比於脫口秀《漢娜·蓋茲比：最後一擊》揭露男性對女同性戀者的暴力問題，在網飛上播出，讓主流觀眾也能了解此議題，因而廣受好評。我想說的是，許多女同性戀和男同性戀者有非常緊密的關係，但男同性戀者的厭女症並不如我們希望的那麼少見。演員蘿絲·麥高文（Rose McGowan）曾在廣播節目與作家布雷特·伊斯頓·伊利斯（Brett Easton Ellis）討論男同性戀者的厭女症比男異性戀者更嚴重，引發軒然大波。雖然很多男同性戀者澄清並非如此，但可以肯定的是同性戀文化並不完全尊重女性。許多同性戀文化著重於對女性的崇拜及奉承，增添女性光環的表現，但並不一定尊重女性的基本需求及女性本身。世界上許多國家的女同性戀者，都曾經歷過殘酷且特殊的恐同症，遭到「矯正式」性侵——卻沒有引發應有的全球憤怒。二〇一六年，牙買加社運者安潔琳·傑克森（Angeline Jackson）在《美麗佳人》中暢談自己的經歷，在殖民統治遺留下的恐同文化中長大，必須接受迴轉療法，青少年時期更曾受到殘忍的性侵害。這段痛苦的經歷促使他成立女同性戀及女雙性戀的倡議團體牙買加公民素質（Quality of Citizenship Jamaica）。他說：「我不會說勇敢發聲是件容易的事。我要說的是，我只能用這種方式繼續生活下去。」

今日，因為年輕人，有些事開始一一得到解決。這世代的

人成長於近年的各種奮鬥，他們更有力量爭取做自己的權益。因為社群媒體，年輕女性、雙性戀者以及那些用新詞彙堅持自我認同的人，每個星期天晚上都有廣大LGBTQ青年創造的新詞彙透過社群媒體傳遍世界。愈來愈多雙性戀者、樂於承認雙性戀身分或「有興趣嘗試」雙性戀者、或其他性別認同者都開始被看見。另外振奮人心的還有看到天生具雙性特徵的「雙性人」，他們不是絕對的男性或女性，也終於可以走在陽光下，例如全世界第一個雙性人諧星賽文·格拉漢（Seven Graham），也製作了一部相關主題的電影。

我們也知道，雖然已經大有進步，每年仍有LGBTQ因被霸凌而自殺的新聞——有時只因他們的性向或性別認同，生命便被本應保護他們的人奪走。例如內華達州亨德森市十四歲的喬凡尼·米爾頓（Giovanni Melton），於二〇一七年被他的父親溫德爾·米爾頓（Wendell Melton）槍殺身亡。

不敢置信的還有美國有二十一州仍會以同性戀為由解雇員工；十二州的同性性行為仍非法。全世界的性教育大多沒有解決LGBTQ的需求。英國的性健康教育大幅降低也影響LGBTQ族群，他們有更高機率罹患憂鬱症、藥物成癮、甚至自殺。全世界仍有七十二國未將同性戀合法化，其中八國同性戀者可能因此被判死刑。

這幾年希薇亞·里維拉、瑪莎·強森、史多玫·德拉維利成為LGBTQ運動失敗的箭靶，這些運動不能有效解決貧窮、種族主義的問題，以及女同性戀者、跨性別者、性別認同不一致者的需求。然而這些個別群體卻在我們的運動中扮演重要角色，他們給了亟需的一記當頭棒喝，那就是我們的運動中重要的議題似乎不限定於LGBTQ族群。種族主義及貧窮問題同樣會摧毀生活，尤其對瑪莎及希薇亞而言。

左頁｜珍妮特·莫克是跨性別社運者，將真實故事訴諸主流大眾，因此獲得大眾喜愛及支持。他是暢銷作家、表演者，也是FX頻道熱門電視劇《Pose》共同編劇、製作人、導演。

上圖｜二〇一六年四月，班傑明·梅爾澤打開大門，成為第一個登上歐洲《男士健康》封面的跨性別男性。

主流出櫃潮

電視實境秀向大眾及音樂產業證明LGBTQ藝術家們也可以得到廣大觀眾的支持，例如英國電視音樂比賽《流行偶像》（*Pop Idol*）冠軍威爾·楊（Will Young）、《澳洲偶像》（*Australian Idol*）亞軍安東尼·凱利（Anthony Callea）、《美國偶像》（*American Idol*）亞軍克萊·艾肯（Clay Aiken）及亞當·藍伯特（Adam Lambert）。這為二十一世紀前十至二十年間，充滿創造力的氛圍鋪平了道路，讓LGBTQ主流明星不僅可以活得自在，也可以擁抱自己的身分，透過他們充滿創造力的作品，驕傲地挺身出櫃。

像洛福斯·溫萊特（Rufus Wainwright）、剪刀姊妹、貝斯·迪托（Beth Ditto），這些明星的酷兒身分眾人皆知，讓流行音樂界對性向、性別的接受度愈來愈高，取得顯著的成就。男子團體西城男孩（Westlife）成員馬克·菲海利（Mark Feehily）及超級男孩（*NSYNC）成員蘭斯·貝斯（Lance Bass）分別於二〇〇五年、二〇〇六年出櫃，兩人皆有廣大支持者。同卵雙胞胎女同樂團泰根與莎拉（Tegan and Sara）於二〇〇七年進入主流音樂，平常對異性戀歌曲沒有共鳴的人特別喜愛他們的音樂，因為歌詞多半著重於酷兒情感或經歷。

雙性戀的女神卡卡將紐約酷兒俱樂部文化帶入主流。二〇一二年專輯《天生完美》（*Born This Way*）主打歌即是擁護LGBTQ自尊的頌歌，對自信及認同所有權的響亮呼喚。自從瑪丹娜後，還沒有藝術家如此認真地站在LGBTQ這邊。

過去十年起，有許多藝術家紛紛出櫃，幾乎不可能持續下去的情況，仍有人在職涯中找到出櫃的勇氣，例如瑞奇·馬丁（Ricky Martin）、基督徒歌手珍妮佛·克納普（Jennifer Knapp）。二〇一一年，克納普為LGBTQ發起信仰倡導組織Inside Out Faith——他在網站上寫道：「今日多數信仰的傳統中，包括你可以想到的所有基督教教派，都有活躍、蓬勃、公開且知名、具包容性的LGBTQ團體。最具挑戰性的是在反對聲浪中，讓需求被聽見。」

二〇一二年，龐克樂團Against Me!的蘿拉·簡·格雷斯公開跨性別女性身分，新生代巨星法蘭克·海洋（Frank Ocean）也在社群網站湯博樂（Tumblr）發出公開信，被視為出櫃酷兒身分——然而，他曾私下透露他不願被貼上性向標籤。同年，加州影像藝術家兼饒舌歌手麥奇·布朗柯（Mykki Blanco）發表第一首單曲，這首引人注目的單曲極具原創性，非常赤裸地呈現性向、跨性別、非二元性別認知的概念，就像他公開自己為HIV陽

性反應一樣，而二〇一九年他以萬眾矚目的新專輯，搭配一連串前衛的音樂合作，成功踏入主流音樂界。

擁有雙性戀、酷兒、泛性戀身分的女性如今在流行產業都有極好的表現，例如歌手菲姬（Fergie）、女暴君（Lady Sovereign）、亞曼達·帕爾默（Amanda Palmer）、打破英國歌手排行榜的潔絲·葛琳（Jess Glynne）、暮娜樂團（MUNA，流行女子三人組合，曾任哈利·斯泰爾〔Harry Styles〕巡迴演唱會開場嘉賓，斯泰爾曾於二〇一八年英國LGBT獎中獲頒年度直同志獎）及賈奈兒·夢內（Janelle Monae）。饒舌及節奏藍調（R&B）作為一種音樂流派，其中的音樂家也創造了極高成就，例如阿澤莉亞·班克斯（Azaelia Banks）、饒舌團體布洛克漢普敦（Brockhampton）的凱文·阿布史翠特（Kevin Abstract）、安吉爾·黑斯（Angel Haze）、戴里（Deadlee）、卡茲韋爾（Cazwell）、斑馬·卡茲（Zebra Katz）、Q Boy、卡塔斯特洛夫（Katastrophe），皆備受矚目。

英國電子流行樂團這些年樂團主唱奧利·亞歷山大，是當代最堅守立場的LGBTQ藝術家。亞歷山大於英國廣播公司廣播音樂頻道的紀錄片《成長中的同性戀》（*Growing Up Gay*），讓LGBTQ青年面臨的種種問題浮上檯面，因而廣受讚揚，同時他也公開自己一直與精神疾病抗爭的過程。作為當代強而有力的發聲者，他訴說了這一代的焦慮與酷兒認同，成為這一世代的象徵人物。澳洲藝術家特洛伊·希文（Troy Sivane）有自己龐大的支持族群，他的音樂多以酷兒為主題，音樂錄影帶多描述LGBTQ的故事。他有近一千萬的Instagram追蹤者，希文的支持者可以透過社群媒體參與他的生活，這種自在的氛圍與過去必須隱藏感情生活的LGBTQ明星生活形成強烈對比。

上圖 | 艾洛伊斯·萊提希爾，藝名為克莉絲汀和皇后，以一群變裝皇后命名，他於倫敦同志酒吧Madame JoJos尋求安慰時與這群變裝皇后成為朋友。他是一位非常成功的主流明星，萊提希爾是一名泛性戀者，經常透過媒體討論性向議題。
右頁 | 二〇一六年，威廉王子成為史上第一位登上同志雜誌《態度》的英國皇室成員。我找了八位LGBTQ人士，以及一位因多年被霸凌而自殺者的母親，和他談談恐同霸凌的影響。他發了一份（來自皇室）史無前例的聲明：「沒有人應該因為性向或任何原因被霸凌，沒有人應該忍受這些年輕人生活中面對的仇恨：你無需忍受……你應該為自己而驕傲，你絲毫無需感到羞恥。」

THE UK'S BEST-SELLING & AWARD-WINNING GAY MAGAZINE

attitude

ATTITUDE.CO.UK
JULY 2016 £4.85
@attitudemag

MAKING HISTORY

PRINCE WILLIAM MEETS ATTITUDE

"NO ONE SHOULD BE BULLIED FOR THEIR SEXUALITY OR ANY OTHER REASON"

威爾・楊

創作歌手、聯合出品人、LGBTQ喜愛頻道《智人》編劇。

幸福及精神健康是如此重要，是現在構成日常交談的一部分。身為演說者及這兩件事的倡導者，我仍無法談論健康議題時自在地使用「精神」一詞。我想「精神」一詞，與不穩定及某種程度的瘋狂有強烈的關聯性，比起正常、平凡更為強烈。

我喜歡將心智與身體視為共同運作的一體。我認為就算創傷不是最重要的因素，也是影響身體與心智健康的最大因素，它與我們的身體並存更甚心智，最終仍是身體控制一切，心智則努力地趕上、試圖理解事情的全貌。身體會陷入戰鬥、逃跑、凍結模式，我們試圖疏離或依賴藥物讓自己度過一天，有太多羞恥感會伴隨焦慮或沮喪而來，而羞恥就是LGBT人士曾經歷無數次的感受。從某天起，來自權威的訊息是我們都錯了，我們不夠資格當人類，我們是怪物。在學校，同性戀是非常具毀滅性的指控，會帶來極端的邊緣化及社會排擠。在這個世界，我們無法感到安全，我們在操場上、在家、甚至走在路上都必須保持警覺。我們害怕表露愛意或表達需求，我們是誰這件事早就被粉碎了。沒有聲音，我們什麼都不是，靈魂與精神都被摧毀——難怪LGBT人士的心理健康比異性戀者更脆弱，怎麼可能有人可以與如此深層的靈魂創傷共存呢？我們將這種痛苦內化，全交給自己，導致面對我們自己與兄弟姊妹時，都有折磨人的羞恥感及內化恐同[47]傾向。

社會給我們的這條恥辱泥沼之路非常漫長且可怕。事實上，走過它需要一輩子的時間，但確實可以達成，我已經走過了。我已經完成了英雄般的旅程，檢視靈魂，經歷心智與身體必經的修復過程，以放開創傷、感到安穩，與自己和平共處。我會永遠帶著這段經歷，自一九九〇年代中期我就投入酷兒運動，專注於同性戀羞恥感的形成，這是行動主義及自我賦權背後的力量。正視羞恥感，把它當作激勵因素。去感受愛與同情心，不要被憤怒左右，用不公義帶來的憤怒與感受作為你昂首闊步、驕傲的力量。羞恥感可以與同性驕傲並存，讓你與兄弟姊妹的仁愛之心互相結合，為你自己感到驕傲。

上圖｜二〇〇二年威爾・楊成為英國電視音樂比賽《流行偶像》冠軍。他經常公開談論在恐同社會中成長的同性戀者可能形成的精神健康問題，並於廣播節目《智人》中討論一系列相關議題。

右頁上圖｜二〇一七年，有關車臣共和國LGBTQ人士的傳言甚囂塵上，他們消失、被捕、酷刑虐待、甚至被國家謀殺。世界各地皆有抗議活動，圖中為馬德里。

右頁下圖｜社運者德雷伊・麥克森（DeRay McKesson）是美國「黑人的命也是命」（Black Lives Matter）運動中的重要人物，傳達交叉性的重要，以及抗議議題並非專屬LGBTQ族群，所有人都會受影響。二〇一八年《Out》雜誌採訪時麥克森曾說：「出櫃是其中一件重要的事，尤其抗議活動開始時，我不希望讓人們覺得躲在衣櫃裡才是唯一有生存空間的方式。」

47｜同性戀本身因為自我認知不足導致的自我矛盾、自我否定感。

如果我們想再活五十年，就必須盡快處理貧窮、宗教恐同、恐跨性別症的不公義現象，以及全世界因不平等、不公義助長的極右派勢力。如同我前面寫的，一九三○年代時同性戀族群於柏林蓬勃發展，那是經濟崩盤及其他因素引發極右派勢力崛起之前。全球社會經濟問題嚴重影響平權進程，而氣候危機也揭露了逐漸浮現的環境破壞問題，整個社會都面臨挑戰，尤其是少數族群。氣候變遷的相關科學已經建構完成，二○一八年傳奇性的廣播主持人大衛・艾登堡（Sir David Attenborough）也參與科學界所發出的警訊，他說：「文明毀滅及自然世界滅絕的世代即將來臨。」LGBTQ運動似乎對此保持緘默，幾乎漠不關心，但如果我們的世界持續不穩定，長久以來我們努力爭取的權益也會在眼前蒸發。

當然，我們應該在尋找自我的旅程中，歡慶我們身處之地，這無可厚非。從千禧年開始，特別是過去十年間已經取得太多進展，多得難以計數。

如前所述，LGBTQ在媒體及運動界的表現持續進步。過去幾年來，切中要點且多樣化的表現，以數據來看非常成功。愈來愈多主流電視人出櫃，如安德森・古柏（Anderson Cooper）、唐・雷蒙（Don Lemon）、瑞秋・梅道、晨間新聞《早安美國》（Good Morning America）主持人羅賓・羅伯茨、蘇・帕金斯、亞倫・卡爾（Alan Carr）、賽門・阿姆斯特爾（Simon Amstell）都是熱門時段的節目常客。流行音樂及少數另類搖滾音樂界也有LGBTQ明星，如法蘭克・海洋、山姆・史密斯（Sam Smith）、國王公主（King Princess）、龐克樂團Against Me! 的蘿拉・簡・格雷斯（Laura Jane Grace）、街趴樂團（Bloc Party）的克爾・奧克雷克（Kele Okereke）、特洛伊・希文（Troye Sivan）、奧利・亞歷山大，他們的支持者遍及全球。

二○一五年電影《夜晚還年輕》、二○一六年《月光下的藍色男孩》、二○一七年《以你的名字呼喚我》風靡全球及好萊塢電影圈；演員如伊薩・米勒（Ezra Miller）、卡拉・迪樂芬妮、強納森・葛洛夫（Jonathan Groff）、拉維恩・考克斯逐漸嶄露頭角；特別值得一提的導演、製片兼編劇的李・丹尼爾斯（Lee Daniels），以熱門影集《嘻哈世家》（Empire）堅定地將有色人種的LGBTQ故事搬上電視螢幕。作家珍妮特・莫克以二○一四年自傳《重新定義真實》敘述他作為跨性別女性追求性別認同的過程，成為《紐約時報》暢銷作家，也是二十一世紀的現代女英雄。

雖然仍是令人沮喪的議題，但HIV感染率首次出現下降趨勢。HIV病毒的汙名依然存在，卻有愈來愈多人勇敢地承認自己是HIV帶原者，例如二○一八年十一月英國國會議員洛伊德・羅素－莫伊爾在下議院前公開說明他身體的狀況。

儘管還有漫漫長路，但有了亞倫・道恩斯（Alan Downs）所著的《絲絨之怒》（The Velvet Rage），還有我希望我的書《緊身衣》（Straight Jacket），終於可以揭開痛苦的渴求，因羞恥文化下成長造成的心理健康問題，因而導致更高程度的藥物依賴。愈來愈多團體成立，開始幫助LGBTQ處理這些問題，從倫敦「讓我們談談同性性行為及藥物依賴」（Let's Talk About Gay Sex and Drugs）討論會，到洛杉磯及紐約的LGBTQ中心。

左頁｜提摩西・夏勒梅（Timothée Chalamet）及艾米・漢默（Armie Hammer）出演二○一七年電影《以你的名字呼喚我》。編劇詹姆斯・艾佛利（James Ivory）以此片贏得奧斯卡金像獎最佳改編劇本獎，劇中LGBTQ角色選角精準也引發熱議。過去五年間，好萊塢終於了解LGBTQ故事也可以廣受主流觀眾青睞，成為熱烈討論議題，甚至為他們賺進大把鈔票。

上圖｜強納森・葛洛夫演出二○一七年網飛犯罪劇集《破案神探》（Mindhunter），打破好萊塢金律：觀眾不會接受同性戀演員飾演異性戀主角。

左圖｜二〇一八年，印度群眾慶祝推翻再度定罪同性戀的法律，代表同性性行為在該國最終除罪化，極具象徵意義的判決在全世界掀起浪潮。

下圖｜一九六九年起的漫漫長路：紐約驕傲遊行的參與者。攝於二〇一八年。

下頁｜同性戀解放陣線的年輕成員。攝於一九六九年紐約，攝影師彼得·赫哈（Peter Hujar）。這張照片也是同性戀解放陣線的海報，呼籲年輕人「出櫃吧」，是一道新的破曉、新的能量、新的樂觀主義，即將改變人們的生活，雖然已是五十年後。

我們的運動中最後一件諷刺的事是，無論是科技公司老闆或好萊塢巨星，大多數人都非常努力取得成就，讓自己能夠出櫃，卻沒有變得更富有或出名，甚至並未獲得更多認可。有許多人、甚至是數以千計的人，在LGBTQ運動初期擔當要角，我無法一一在此點名，但我們要對所有人說聲謝謝，沒有他們就沒有我們如今的世界。

哈里‧海伊被稱為同志解放之父。一九四八年，他構思了一個男同性戀組織，一九五〇年十一月十一日，他和伴侶、三位好友舉辦了馬太辛協會的第一場會議，當時稱為「傻瓜協會」（Society of Fools）。儘管現在看來過於保守，哈里‧海伊及馬太辛協會仍是美國同性戀被壓迫者第一個正式、有組織的反擊。哈里逝於二〇〇二年十月二十四日。

克雷格‧羅德威爾是LGBTQ解放其中一個重要人士。他經營奧斯卡‧王爾德書店，也曾是哈維‧米爾克的伴侶，在騷亂期間煽動媒體，印製傳單，激起平權運動，開辦同志驕傲遊行。一九九三年，羅德威爾榮獲浪達文學獎（Lambda Literary Award）。一九九三年六月十八日，羅德威爾死於胃癌，病逝紐約聖文森醫院（St Vincent's Hospital），享年五十二歲。

法蘭克‧卡莫尼是馬太辛協會華盛頓特區分部創辦人之一，另一位創辦人是傑克‧尼可斯（Jack Nichols），卡莫尼也是美國第一起同性戀抗議活動的負責人。一九七一年，他成為史上第一個公開出櫃的國會議員候選人，雖然輸了這場選舉，卻促成華盛頓特區男女同性戀聯盟（Gay and Lesbian Alliance of Washington DC）成立。他於二〇一一年十月十一日逝於華盛頓特區的家中，享壽八十六歲。

黛兒‧馬丁與菲莉斯‧賴恩於一九五五年是創辦女同性戀組織比利提斯女兒會的一對女同志情侶。他們持續對抗主流團體的恐同症，例如全國婦女組織（National Organization for Women）。加州高等法院通過同性婚姻合法化之後，二〇〇八年六月十六日他們正式結婚。黛兒隔年逝世。

芭芭拉‧吉廷斯是LGBTQ運動的重要人物之一，創辦了女同性戀組織比利提斯女兒會紐約分會，女同雜誌《梯子》編輯，與法蘭克‧卡莫尼合作促成第一場美國同性戀抗議活動。他與卡莫尼舉辦了一場美國精神醫學學會會議，推動一九七三年同性戀自精神疾病清單中移除。他與伴侶凱‧托賓（Kay Tobin）於一九六一年相遇，兩人相伴超過五十年。二〇〇六年，芭芭拉於賓州肯尼特斯奎爾（Kennet Square）逝世。

曼福特家族是LGBTQ運動中默默無聞的英雄。少年莫提‧曼福特曾參與石牆事件，後來成為社運者，其父母珍及朱爾斯也受其鼓舞，創辦了同志家屬親友會。莫提於一九九二年死於愛滋病相關併發症，享年四十一歲。珍於二〇一三年逝世，享壽九十二歲，剩女兒蘇珊娜（Suzanne）仍在世。二〇一四年紐約皇后區法拉盛區（Flushing）有一條街道重新命名為曼福特同志家屬親友會之路（Jeanne, Jules, Morty Manford PFLAG Way）。

瑪莎‧強森長期承受數種精神疾病及藥物成癮之苦，估計被捕超過百次。一九九二年七月六日，紐約驕傲遊行數天後，瑪莎的遺體在哈德遜河發現，死時四十六歲，推斷為自殺，但他的朋友們始終不認為他會自殺。有許多報導指出瑪莎消失當晚曾被一群男性騷擾，許多人認為他死於謀殺。二〇一二年，紐約警察局重啟調查瑪莎案件。

希薇亞‧里維拉同樣有精神疾病及藥物成癮的問題，他的一生中大多流離失所，但晚年備受LGBTQ族群感激，因其在石牆事件及後續運動中扮演重要角色。希薇亞曾參與杜洛‧派瑞牧師創辦的大都會社區教會（頁一四六至一四七），樂於為貧困者分發食物及幫助青年。大都會社區教會的紐約青年庇護所即取名為希薇亞小屋（Sylvia's Place）。二〇〇二年二月十九日，希薇亞因肺癌於紐約聖文森醫院逝世。

史多玫‧德拉維利被認為是點燃石牆事件的那個「男性化」女同性戀者，當他被警察強押進警車時起身反抗，勇於向大眾求援——並如願以償。他終生以保全、表演者、女性捍衛者為業，直至二〇一四年逝世，享壽九十三歲。

大衛‧卡特在其書《石牆》中說，是一名無名變裝皇后第一個起身反抗，以皮包反擊警察，以及一名叫吉諾的波多黎各人向警車丟出第一顆石頭，讓警方不得不退守於吧臺後。而剩下的，就是歷史了。

石牆事件的成就是，五十年前你會因為是同性戀而被解雇，如今全世界許多最大的企業都非常積極發展LGBTQ的各種企業方針，以此支持員工，讓員工覺得可以安心做自己。大家都知道世界上最卓越的企業蘋果公司執行長提姆‧庫克（Tim Cook）是名同性戀者，固然是一件很棒的事，卻也引出令人難過的事實：在石牆酒吧最用力反擊的人都是流浪兒童，如今雖然全世界史上最有價值企業的執行長可以出櫃，卻仍有許多LGBTQ人士過著困苦的日子，依然無法負擔健康醫療。對許多非裔美國人同性戀、雙性戀者等等，這不僅是殘酷的諷刺之言，而且是足以奪走生命的現實。

綜觀全球，情勢變得更加複雜。在許多恐同國家，網路讓全世界的LGBTQ族群變得更加顯眼，政府似乎更加苛刻及厭惡，印尼在群眾面前公開鞭打男女同性戀者的情形愈來愈多。埃及同

告訴持續抗爭的人，我們始終與你同在。
告訴曾為我們抗爭、流血的人，向你們表達深深的感謝。

性戀尚未合法化，據傳該國正加倍迫害同性戀者。二〇一九年一月，埃及電視節目主持人阿爾吉耶提（Mohammed al-Ghiety）只因採訪一名同性戀者，即被判處服一年勞役。同月，據說伊朗政府吊死了一名男同性戀者，宣稱他綁架了兩名少年，雖然輿論認為並非事實。二〇一九年一月，據傳車臣共和國（Chechnya）再次開始恐嚇、綁架、甚至殺害同性戀者。我們經常無法面對一件痛苦的事實，許多國家仍容不下LGBTQ生存，我們必須鼓起勇氣，更大聲地說出真相。

但我們仍有進步之處，從愛爾蘭到澳洲投票通過婚姻平權，到更全面性的進展，都歸功於努力不懈的LGBTQ社運者。二〇一五年，東非國家莫三比克將男女同性戀婚姻合法化。二〇一八年四月，多虧了傑森·瓊斯（Jason Jones），千里達及托巴哥共和國高等法院裁定判處同性性行為違法屬違憲行為。二〇一八年九月，印度高等法院最終裁定已實施一百六十年，英國殖民時期的恐同法律也屬違憲，必須刪除。二〇一九年非洲國家安哥拉廢除了「違背自然」的反同法律，過去這條法律一直成為迫害同性戀者的利器。

毫無疑問地，歐洲大多數地區是全世界LGBTQ權益最進步的地方。一九三三年丹麥同性性行為除罪化，一九四〇年冰島跟進，接著是一九四四年的瑞典。二〇〇〇年，荷蘭成為全世界第一個同性婚姻合法化的國家，隨後是比利時及加拿大。一九七二年，瑞典成為第一個允許人民合法改變性別，並提供免費賀爾蒙療法的國家。民意調查及倡議團體認為，歐洲國家是最適合LGBTQ人士生活的地方：二〇一七年，歐洲倡議團體國際LGBTI聯合會（International Lesbian, Gay, Bisexual, Trans and Intersex Association，簡稱ILGA）歐洲分會將馬爾他、英國、比利時列為前三名；同年，德國出版社斯巴達克斯（Spartacus）同性戀旅遊指南將瑞典、英國評為最適合同志旅遊國家，第三名為比利時。過去五十年間，西歐國家的LGBTQ人士經歷了不可思議的改

變，不寬容政策與歐盟自由原則相互矛盾，使歐盟在歐洲同性戀權益方面起到正向影響。二十八個歐盟成員國中有二十二個國家承認同性伴侶法，十五個國家承認同性婚姻，二十五個國家有全面的反歧視政策。

但這只是一部分。例如，二〇一七年ILGA-Europe發布的《彩虹年度評鑑》（*Rainbow Europe Annual Review*）認為義大利普遍仍對同性戀不寬容。中歐及東歐許多國家未能落實法律平權，公眾態度仍是具壓倒性的敵意。一九九一年，保加利亞成為歐洲第一個以憲法禁止同性婚姻的國家，後有許多東歐國家跟進，最近是二〇一四年的斯洛伐克。

一般認為土耳其總統艾爾多安（Erdoğan）大力推動伊斯蘭主義，同時也對LGBTQ更不友善。二〇一八年，又一次，伊斯坦堡的同志驕傲遊行再次遭禁，警察用催淚瓦斯及橡膠子彈阻止遊行。前一年驕傲遊行委員會曾發表聲明：「我們不孤單，我們沒有錯，我們不放棄。」二〇一三年，惡名昭彰的俄羅斯制定了阻止同性戀取得進程的法律，雖然該國已在一九九三年將同性戀除罪化。二〇一三年調查顯示，百分之七十四的俄羅斯人反對接納同性戀者——反映出過去二十年來對同性戀者的敵意有增無減。

二〇一六年，市場調查公司益普索（Ipsos）公布調查，西班牙、瑞典、阿根廷是全世界最跨性別友善的國家。但同年，二十四個歐洲國家要求跨性別者在性別得到法律認可前先進行絕育，令人震驚。僅十三個歐洲國家有特定政策防止恐跨性別症暴力，僅二十二個國家有明確政策防止跨性別者免於歧視。二〇一二年，阿根廷成為全世界第一個允許以自我認同登記性別，隨後是許多西歐國家，最近一個是二〇一四年的丹麥。

儘管全世界仍有層出不窮的問題和令人畏懼的不公義，讓人雀躍的進展也不少。細想，在過去這些年、石牆事件當晚發動示威、抗爭、反擊、互相支持的人們，燃起這場改變全世界無數生命的運動，是多麼值得讚嘆的事。

事件過後，石牆酒吧也不再是今日象徵性的地標，不久後即被視為紛亂之地，也因為和黑手黨的關係，受到當地同性戀族群聯合抵制，很快就被人們拋在腦後，也不再是同性戀場所。一九九〇年代，它成為主流夜店，二〇〇七年三月以熱門酷兒場所之姿重新開幕。今日，來自世界各地LGBTQ人士來到石牆酒吧小酌，在門外拍照以紀念這個改變生活的起點。石牆酒吧是紐約酷兒族群勝利與悲劇的交叉點，世界認識這個地方，皆因五十年前我們在此開始找回自己，並堅持真理。是這個地方讓我們了解，一個默默無名的人——可能是白人或黑人、男人或女人、富人或窮人、跨性別者或一般人，五十年前起身反抗的時候都會說：「我們或許有所不同，但我們不低人一等。」

從那時起，不管是小小的還是盛大的慶祝，世界各國都會一起紀念石牆事件。從每年倫敦家家戶戶表達的支持之意，到每年歐洲大陸上盛大的歐洲驕傲遊行，一路到西班牙、巴西，人們持續歡慶。他們表彰了勝利的精神，即使土耳其人民面對高壓水柱及警察霸凌，仍努力為生活戰鬥；烏干達人民踩著試驗性的一小步，為反抗我們許多人都無法想像的壓迫。在這些地方，彩虹旗不僅僅是星巴克櫥窗上的一個貼紙，或一個表情符號：對他們來說，它就是一開始LGBTQ表達的意義，一個為良善生活抱持希望的有力象徵。

告訴持續抗爭的人，我們始終與你同在。

告訴曾為我們抗爭、流血的人——女性、男性、任何性別；黑人、白人、棕色人種、拉丁人種；女同性戀、男同性戀、跨性別、性別認知不一致者；男性化的女同性戀者或女性化的男同性戀者，向你們表達深深的感謝。

更重要的是，我們**必須**向鼓起勇氣推翻不公義的人致敬——無論收入、性別認同、膚色或國籍，是他們守護了下一代的未來。

抗爭持續著。

交給你們了。

圖 片 來 源

出版方感謝以下資料來源，謝謝他們慷慨地允許我們於書中使用這些圖片。

我們竭盡所能地確認及聯繫每張照片的來源與版權所有者，如有任何不慎疏漏，卡爾頓出版社（Carlton Books Limited）在此致上歉意，將會於再版時更正。

歷史與現場 280

當彩虹昇起：LGBTQ平權運動紀實

作　　者：馬修‧陶德（Matthew Todd）
譯　　者：王曼璇
主　　編：湯宗勳
特約編輯：沈如瑩
美術設計：陳恩安
企　　劃：王聖惠

董事長：趙政岷／**出版者**：時報文化出版企業股份有限公司／108019
台北市和平西路三段240號1-7樓／**發行專線**：02-2306-6842／**讀者服**
務專線：0800-231-705；02-2304-7103／**讀者服務傳真**：02-2304-6858
／**郵撥**：1934-4724 時報文化出版公司／**信箱**：10899台北華江橋郵
局第99信箱│**時報悅讀網**：www.readingtimes.com.tw│**電子郵箱**：
new@readingtimes.com.tw│**法律顧問**：理律法律事務所／陳長文律師、
李念祖律師│**印刷**：詠豐印刷有限公司│**一版一刷**：2020年4月24日│**定**
價：新台幣1200元

時報文化出版公司成立於一九七五年，並於一九九九年股票上櫃公開發行，於二
○○八年脫離中時集團非屬旺中，以「尊重智慧與創意的文化事業」為信念。

當彩虹昇起：LGBTQ平權運動紀實／馬修‧陶德（Matthew Todd）著；王曼璇 譯一
一版.--│臺北市：時報文化，2020.4；204面；28.3×24.5公分. --│（歷史與現
場；280）│譯自：Pride: The Story of The LGBTQ Equality Movement│ISBN 978-
957-13-8161-9（精裝）│1.性別平等│544.7│109004170

PRIDE by Matthew Todd
Text © Matthew Todd 2019
First published in 2019 by André Deutsch Limited
A division of the Welbeck Publishing Group
20 Mortimer Street, London W1T 3JW
Complex Chinese edition arranged through The PaiSha Agency
Complex Chinese edition copyright © 2020 by China Times Publishing Company.
All rights reserved.

ISBN：978-957-13-8161-9
Printed in Taiwan